《一致性管理》好评

《一致性管理》将里亚兹·哈德姆《一页纸管理》中了不起的管理技术提升到新层次。它绘制了一幅蓝图，能将任何组织团队向前推进，并获得极大提升。

——肯·布兰佳，《新一分钟经理人》合著者

公司未能实现其最大潜力的主要原因之一在于缺乏战略定义和战略实施方面的一致性，而《一致性管理》正是对组织如何实现其潜力的回应，并对如何实现这个难以捉摸的目标提供了很多实用性真知灼见。我愿意将本书推荐给所有管理人员，无论是刚刚进入管理行业的，还是经验丰富的管理者；无论是国内企业，还是跨国企业管理者；无论是传统企业，还是新型企业管理者。每个人都能从中受益匪浅。

——哈维尔·费尔南德斯，西麦斯集团董事会成员

本书提供了一个循序渐进的好方法，凭此方法，我们公司有效地推广了我们的商业模式。

——丹尼尔·孟图尔，宾堡集团首席执行官

我们第一次有了这样一本书，它把所有东西集合在一起，于是，此前零散的各种管理方法，终于统一并整合成一个整体。

——赫克托·兰格尔，墨西哥商业银行前董事会主席

《一致性管理》有助于公司的每个人关注那些重要的东西，继而切实产生价值，从而在公司内部形成合作型文化。对我们来说，它已经成了一种改变文化的哲学。

——格雷西亚诺·米歇尔，墨西哥利物浦百货公司首席执行官

《一致性管理》为我们提供了一个可靠的框架，来帮助各个组织取得高水平绩效。本书的理念是强有力的，充满美感的，原因在于它们简单易懂、表述清晰且易于掌握。

——罗伯托·蒙特隆戈，流程服务IT解决方案全球供应商萨孚凯公司首席运营官

我们实施全面一致已近20年。这项管理技术有助于推动公司从愿景到战略，从具体决策到关键目标的执行，这在指导公司实现既定目标时会产生极大的不同。

——豪尔赫·弗朗哥，GMD度假村总裁

对于想要寻找基于员工责任和授权管理模式的首席执行官而言，本书就是他们的宝典。它有助于开发并维护新的合作文化，基于这样的企业文化，每个员工都将为公司整体利益贡献自己的才智和力量。

——阿曼多·穆尼奥斯，SOTEC西班牙公司首席执行官

《一致性管理》写得很好，非常有用，也非常实用，没有不必要的浮夸之物，是忙碌的管理人员在寻找快速易懂且简单易行知识的完美之选，也是领导人在寻求进一步提升其领导力、运营效果和组织效能的必读之书。

——詹妮·卡里洛，American Well公司客户管理副总裁

对全球管理界做出了巨大贡献，不受企业规模和经济领域的限制，使战略协调一致并得以执行，并对领导风格和组织文化产生重大影响。应将《一致性管理》列入必读书目，以提高企业绩效。

——雨果·埃斯特拉达，雷莫利纳·埃斯特拉达咨询公司首席执行官

《一致性管理》是帮助你实现公司战略和提高个人领导力的一种方法。它触及你想做什么和事情如何发生之间最微妙的界限。

——扎希耶·埃迪德，墨西哥利物浦百货公司组织发展总监

《一致性管理》使我们能够在最艰难的金融时代和金融危机中生存下来,并通过一套简单的流程,帮助我们将未来几年的愿景与整体责任保持一致,从而帮助我们茁壮成长。

——诺贝托·桑切斯,诺桑集团首席执行官

《一致性管理》提倡的方法论是我见过的最令人兴奋的机制。通过给员工和各级领导授权,让公司每一个人都用简单的策略来有效地管理公司的发展,从而让大家按照公司的期望去做。本书向你展示了这样做所能带来的诸多好处。

——哈维尔·戈罗斯蒂萨,SOTEC 项目总监

《一致性管理》提供了一个完整的系统,在指导绩效达成的实践过程中,帮助组织实现愿景并真正践行其使命。它以一种令人惊讶的方式整合同一个方向的力量,是一个完整的解决方案,极大地增加了成功的机会。

——安东尼奥·德拉拉塔,墨西哥 Guaymex 集团首席执行官

为了使任何规模的组织的每个人都保持一致,根据成功的管理者和企业家的做法,里亚兹·哈德姆开发了一个简单有效的框架。如果你想给希望实现长期目标的团体提供管理和指导方面的帮助,这是你的一本必读书。

——胡安·帕布罗·洛佩雷纳,TIP 墨西哥公司首席执行官

现在,我们更清楚的是,本书不是读一次或两次就够了。它应该是每个组织中团队培训的一部分。在我指导其他企业家时,这是一个很好的礼物。《一致性管理》引导企业家专注当今快速增长的市场中最重要的事情,并为之提供实现该重要目标的指导,从而引导他们将公司提升到一个新高度,这尤其令人兴奋。

——豪尔赫·阿泰加,霍利斯蒂克公司总经理

《一致性管理》是一部杰作，将企业愿景与需要取得的非凡绩效达成一致。读这本充满力量的书，向最好的人学习。

——奥斯卡·奥德罗佐拉，墨西哥连锁药店贝纳维德斯的保健专家

本书凝聚了里亚兹·哈德姆在战略管理方面长达10年的经验，以一种持久有效的方式，提供了一个清晰的方法，帮助企业制定并实施其战略。

——杰米·加西亚·纳罗，墨西哥蒙特雷科技大学伊格德商学院国家行政教育主任

本书对组织中缺乏一致性的描述是非常真实的，也是大家司空见惯的。在企业解决所需解决的一切问题来实现目标，并与其战略保持一致时，《一致性管理》是一个很好的指导。

——豪尔赫·德尔·波佐，西班牙贝里斯公司生产总监

一致性管理

打造高效团队的策略和工具

[美]里亚兹·哈德姆 [美]琳达·哈德姆◎著
胡妮 徐翰 梁小清◎译

TOTAL ALIGNMENT

金城出版社
GOLD WALL PRESS
·北京·

图书在版编目（CIP）数据

一致性管理：打造高效团队的策略和工具 ／（美）里亚兹·哈德姆，（美）琳达·哈德姆著；胡妮，徐翰，梁小清译 . — 北京：金城出版社有限公司，2023.7

书名原文：Total Alignment: Tools and Tactics for Streamlining Your Organization

ISBN 978-7-5155-2490-0

Ⅰ . ①一⋯ Ⅱ . ①里⋯ ②琳⋯ ③胡⋯ ④徐⋯ ⑤梁⋯ Ⅲ . ①企业管理 – 团队管理 Ⅳ . ①F272.9

中国国家版本馆CIP数据核字（2023）第109691号

TOTAL ALIGNMENT by Riaz Khadem and Linda Khadem
Copyright © 2017 by Entrepreneur Media, Inc.
Published by arrangement with Entrepreneur Press
through Andrew Nurnberg Associates International Limited
Simplified Chinese edition copyright:
2024 Gold Wall Press Co., Ltd.
All rights reserved.

一致性管理：打造高效团队的策略和工具
YIZHIXING GUANLI: DAZAO GAOXIAO TUANDUI DE CELUE HE GONGJU

作　　者	[美]里亚兹·哈德姆　[美]琳达·哈德姆
译　　者	胡　妮　徐　翰　梁小清
责任编辑	李明辉
责任校对	许　姗
责任印制	李仕杰
开　　本	710毫米×1000毫米　1/16
印　　张	13.75
字　　数	185千字
版　　次	2024年1月第1版
印　　次	2024年1月第1次印刷
印　　刷	鑫艺佳利（天津）印刷有限公司
书　　号	ISBN 978-7-5155-2490-0
定　　价	55.00元

出版发行	金城出版社有限公司　北京市朝阳区利泽东二路3号　邮编：100102
发 行 部	(010) 84254364
编 辑 部	(010) 64391966
总 编 室	(010) 64228516
网　　址	http://www.jccb.com.cn
电子邮箱	jinchengchuban@163.com
法律顾问	北京植德律师事务所　18911105819

推荐序

感谢一大群优秀员工的无私奉献和协同努力，感谢客户的忠诚信任，还要感谢其他相关人员所做的大量工作。芬莎公司现在的收入增长至194亿美元，合作伙伴达到26.5万家，已经成为拉丁美洲地区最大的饮料公司，是增长最快和盈利最多的饮料零售商，也是可口可乐公司在全球范围内最大的装瓶商。非常幸运的是，自1995年至2014年，我担任芬莎公司首席执行官（CEO）；现在，我在公司的职务是董事会执行总裁。

几年前，我应斯坦福大学商学院研究生院的邀请，为他们做了一次以领导力为主题的演讲，主要讲的内容是如何提高领导力。在这个问题上，我认为有两件事对我影响深远。

第一件事是我在初入职场时从岳父身上学到的经验。他始终认为，我们事业成功的关键在于控制好我们在墨西哥所出售的全部商品的日程安排。岳父的观点使我明白了一个道理，那就是领导人必须始终理解并掌控所有项目或企业中的关键性运营因素。

第二件事就是关乎你正在阅读的本书中的一些概念。担任芬莎公司首席执行官之后，我取得的一个非常重要的成就是，学会了如何尊重我所在团队的决策。我必须控制自己，不要把个人决定强加给我的团队。如果你想让直属下级对他所做的事情负责，你可以给他提意见、向他提要求、给出你的建议或暗示，但最后一定要让他自己做决定。显然，他很清楚，如果失败了，他将受到责难而且要为之担责。如果你替他做了任何决定，首先你是在保护他；其次，你将为随后所发生的事情负责。

与领导力密切相关的是下面的概念，它们在我担任芬莎公司首席执行官的各个阶段都提供了很多的帮助：

  鼓励团队工作
  注重以人为本
  提供环境分析和战略指导
  注重长远发展
  实施财务预算

以上理念和其他想法在《一致性管理》一书中都得到了进一步的发展。在我刚刚接受芬莎公司首席执行官的任命时，我非常荣幸地阅读了里亚兹·哈德姆的第一本书《一页纸管理》。里亚兹当时所在公司在墨西哥第二大银行墨西哥商业银行实施了他书中的管理理念。读完那本书之后，我急切地想联系里亚兹。最终，在我的办公室，我们见面了。

芬莎公司的调整与变革始于我和管理团队一起在外地举行的一次磋商会议。我们全都飞到了得克萨斯州休斯敦市。在里亚兹帮助之下，我们仔细审查了公司的使命、愿景和价值观。在展望芬莎公司的未来时，我们被公司可能的发展前景深深地迷住了，继而分析了如何为公司增加更大的价值，从而实现那个美好的愿景。

现在，我们所取得的成就早已远远超过当时与里亚兹一起创建的愿景。通过对比1996年至2016年的数据，我们发现，公司员工增长7倍，收入增长21倍，息税折旧摊销前利润（EBITDA）增长16倍，以美元计算的市场价值增长14倍。

请里亚兹帮助我们实施本书的管理理念,对于芬莎公司的成长至关重要。我们当时急需统一的语言来理解并评估我们的进展情况,我们同时需要团队每一个个体对"什么是公司成功的关键因素"达成一致。在做好两件事过程中,里亚兹提供了巨大的帮助。他向我们介绍了如何使用其方法的流程,并提供问题的解决方案,从而促使我们从单兵作战的工作方式转变成以团队为单位的运营模式。

我们实施全面一致(当时称"TOPS")花了相当长一段时间,特别是开始时,我们必须说服整个团队相信为什么要这样做。不过,现在我们都一致认为它的效果非常好,它帮助我们团结一致,并统一了公司目标,同时对一些关键因素(生产率、团队工作、灵活性和沟通交流)起到了积极的作用。本书的很多概念,包括纵向评审和成功的关键因素等,现在都成了我们企业文化的一部分。

下面,我想对那些怀揣梦想、要将自己的项目变成大公司的企业家提几点个人意见,供大家参考。首先,一定要认识到自己的小企业是能够做大的。大企业往往看不上小企业,认为经营的企业无论大小,投入的精力都是一样的,既然如此,那为何要费力地去经营小企业呢?对此,我想说的是,小企业也可以变成大企业,只要你投入足够的激情并组织一个优秀的团队。我们在连锁便利店OXXO就是这么做的。最终结果是,其门店由原来的350家增加到1.5万家。要知道,有时候,将小企业做大并创造价值,甚至比直接经营大企业更好做到,也更容易做到。其次,你要做的是(请原谅我对此的坚持)组建一个优秀的团队。要保持并培育一个优秀的团队,你需要的是纪律、透明和沟通。所有这些都可以通过全面一致得到实现。

从头到尾好好读一读本书吧。无论你要管理的是哪种类型的企业、工程项目或组织机构,本书将对你思维的改变起到积极的促进作用。书中蕴含的知识和经验都是宝贵的财富,增强了我原本就很强烈的信心。

它使我坚信，只要公司拥有一支同心同德的优秀团队，我们就能创造巨大的价值，成为真正了不起的公司，并为世界共同体贡献自己的力量。

何塞·安东尼奥·费南德兹·卡巴杰尔
墨西哥芬莎饮料公司董事会执行总裁，
入选《巴伦金融周刊》30位全球顶尖首席执行官之一

前言

人生中总有一些时候，机遇会不期而至；还有些时候，事情的发生会出乎我们的意料，而且其发展令人无法掌控。本书得以出版的过程正是如此：它历经一段传奇的故事之后，最终有了自己的生命。事情的经过是这样的：

几年前的一个夏天，我们前往夏威夷火奴鲁鲁度假。由于工作任务十分繁重，这次度假差点没能成行。计划是早就安排好的，我们最终还是出发了。我们入住了一家连锁度假酒店，但很快发现，这里的情形与我们以前住过的该连锁酒店不一样。与之相比，这里显然缺少了一些应有的设备。我们尝试更换一家酒店，但合适的酒店已全部被预订。我们只好作罢。

几天后，我稍稍改变了一下活动安排，决定一大早去游泳池游泳。为了避免太阳直晒，我想找一处阴凉的地方。可是，几乎所有阴凉处的座椅上都放着一条毛巾，只有一张椅子例外。于是，我高兴地坐了下来。然而，我很快发现，旁边有个女士正在全神贯注地打电话。没办法，我只好听着。很显然，她刚刚完成了一笔令人兴奋的图书交易订单。

打完电话之后，她转过身，为自己大声聊天向我表示歉意。于是，我趁机问她是不是一个图书代理商。是的，她很奇怪我是如何知道的。一场对话就此展开了。我告诉她，几年前，我们在一个图书代理商帮助之下，将《一页纸管理》成功推向了美国市场。在此之后，这本书已先后在全球12个国家出版。然后，我们撰写了这本书的姊妹篇，在墨西哥和南美市场销售得非常好，但还没有得到美国出版商的青睐。我们原来的图书代理商表示，他不打算在美国出版我们的书。该姊妹篇的名字叫《一致性管理》。

原来，这位女士就是大名鼎鼎的温蒂·凯勒，一个非常成功的图书代理商，她对生活抱有极其乐观的态度。她向我要了书稿，并在飞回洛杉矶的航班上阅读完毕。一周后，我们签订了合同，授权温蒂女士作为我们的全球图书代理商。

温蒂女士是个有着传奇经历的人。整个夏天，她带领我们，一步一个脚印地完成了这个极富挑战性的项目流程。9月，在她的帮助下，我们准备好了用来推介这本书的文案，并将之提交给美国各家顶尖的商业出版公司。不到11月，我们就收到企业家出版社发来的出版合同。他们同意出版我们的书，是因为他们从书稿内容中看到了潜力，认识到书稿的价值及其对读者所具有的吸引力。此外，他们还要求我们再讨论一下企业家的需求。

于是，我们开始进行文献检索，以便更全面地了解企业家所面临的各种问题。这时，又一件令人意想不到的事情发生了。非常突然，也很出乎意料，我在领英收到一条信息。发信息的人是我以前的一名客户，可是我们有15年都没有联系了。他叫诺贝托·桑切斯，是一名非常成功的企业家，在东南部经营餐饮业。他白手起家，却将产业做到了市值逾1亿美元。他发信息是想邀我共进午餐。见面后，他说想送我一本书，用于报答我们以前帮助他时所付出的辛苦努力。几天后，他给我寄来一本道格·泰特姆所著的《无人之境》。在所有关于企业家的著作中，该书以一种非常有意义的方式明确讲述了企业家所面临的种种问题和挑战。

　　正是这一系列偶然事件的组合产生了神奇的合力，才使得现在这本全新的《一致性管理》得以出版。至今回想起来，我仍然觉得这一切是那么不可思议。毫无疑问，命运之神在这里起到了非常重要的作用，因为出版过程有太多的偶然和太多的巧合。不得不说，机缘太过巧合，着实令人感叹。这些事情的巧合证明，"机会"有时是可遇而不可求的。同时也说明了一个道理，那就是，在你想要实现某个目标时，只要不懈努力，必定会吹来和煦的东风，助你一臂之力，伴你走向成功。

目 录

导言 / 001
 哪些人应该读本书 / 003
 本书的结构安排 / 005
 实施全面一致的工具和策略 / 006

第一章 全面一致的必要性 / 007
 泰科科技公司发生的事情属于典型的管理不一致。这究竟意味着什么呢？我们可以这样设想，它就像一列脱轨的列车，其动能还在，却没人知道它会开到哪里。

 1. 案例分析 / 007
 2. 一致性规划：理解全面一致和不一致 / 011
 3. 实际应用：一致性水平评估 / 015
 下一章预告 / 021

第二章　统一愿景，看到公司未来的样子　/　023

一个组织的核心价值观是对其根本信仰的陈述。无论它们对公司的盈利能力有什么样的影响，永远都不要去触犯这些价值观的根基。如果客户不喜欢你的价值观，就去寻找其他喜欢你的价值观的人。

1. 案例分析　/　023

2. 一致性规划：理解使命和愿景的作用　/　025

3. 实际应用：创建你的使命和愿景陈述　/　030

下一章预告　/　035

第三章　量化愿景，使目标更易达成　/　037

为了有效量化企业愿景的实现进程，你所设定的衡量指标必须尽可能达到质量最优化。这是什么意思呢？这就意味着衡量指标本身必须是可衡量、有数据支持、以事实为基础、可靠的，并能准确地表达出企业目标。

1. 案例分析　/　037

2. 一致性规划：量化愿景　/　039

3. 实际应用：绘制愿景树　/　042

下一章预告　/　049

第四章　战略一致，更好实现企业愿景　/　051

如果公司现有的产品或服务不能满足某个客户的需求，公司于是专门开发出一项特别的或新的功能满足该客户的需求，而这项新功能正好也能满足数百甚至数千客户的需求，这项新功能便是我们所渴望的创新。

1. 案例分析　/　051

2. 一致性规划：达成战略一致　/　053

3. 实际应用：绘制企业战略树　/　059

下一章预告　/　066

第五章　一致性地图，走向成功的路线图　/　067

对于未完成之前的项目而言，该如何进行评估呢？有效的做法是，以一套标准衡量项目整个进程。虽然这种衡量方法部分地基于主观意见，但仍然是有价值的。如果项目执行不力，这种评估方法就能提供前期预警，并使人为介入和路线调整成为可能。

1. 案例分析　/　067

2. 一致性规划：量化项目指标　/　069

3. 实际应用：绘制一致性地图　/　073

下一章预告　/　076

第六章　职责分配，明确团队每个成员的角色　/　077

在许多公司里，有些决策制定者不是来自恰当的层级，有的甚至与那些能够对指标产生影响的员工相距好几个层级。这不仅会造成局面混乱，而且会分散团队（或者若干团队）的注意力，最终使得工作目标难以达成。

1. 案例分析　/　077

2. 一致性规划：构建企业的职责框架　/　078

3. 实际应用：团队职责分配　/　083

下一章预告　/　091

第七章　计分卡，衡量个人的职责与绩效　/　093

本章所描述的计分卡将是你通往成功的入场券，能够确保有关客户和公司利益的重要事项都得到恰当的管理者的悉心照料。

1. 案例分析　/　093

2. 一致性规划：创建个人计分卡　/　094

3. 实际应用：建立团队计分卡和企业计分卡　/　100

下一章预告　/　102

第八章　一页纸报告，消除多余、低效工作　/　103

关注计分卡上的绩效能保证主要职责的高度优先，鼓励团队使用报告系统。报告系统能准确地提供组织中所有层级的最新数据，并且确保绩效透明。

1. 案例分析　/　103
2. 一致性规划：用精确报告追踪协同　/　104
3. 实际应用：重新制作重点报告、反馈报告、管理报告　/　110

下一章预告　/　119

第九章　能力一致，提高绩效水平　/　121

员工有了个人计分卡之后，你需要要求每位员工将本章提及的概念应用到计分卡最重要的关键成功因素上，也就是那些获得最高权重的因素。与提高这些因素相关的技能就是核心技能。

1. 案例分析　/　121
2. 一致性规划：制定标准，衡量员工能力　/　122
3. 实际应用：创建能力提升工作量表　/　128

下一章预告　/　134

第十章　价值观一致，改进精准行为　/　135

行为是可见的，是能给他人带来影响的。那么，是否有这样的可能，某些行为在产生绩效的同时，却给公司文化和客户基础带来负面影响，甚至有些行为本身就是违法的？答案是肯定的。

1. 案例分析　/　135
2. 一致性规划：用价值观改变行为　/　137
3. 实际应用：绘制价值行为树　/　141

下一章预告　/　144

第十一章　绩效一致，增进合作　/　145

了解谷仓效应以及如何避免谷仓效应的形成，会使每个公司受益。如果你的公司已经存在谷仓效应，利用关键成功因素／关键影响力因素之间的合作模式，将帮助公司消除谷仓效应或削弱其负面影响。

1. 案例分析　/　145

2. 一致性规划：审查团队绩效、审查结果、制订行动计划　/　147

3. 实际应用　指导团队评审　/　157

下一章预告　/　164

第十二章　借助纵向评审达成绩效　/　165

纵向评审蕴含着巨大的能量，因为它有助于明确管理人员和其直属下级之间每个月的优先事项。直属下级可以通过计分卡更清楚地了解各自的职责，除此以外，他们还能借助纵向评审达成绩效。

1. 案例分析　/　165

2. 一致性规划：用纵向评审指导团队成员　/　166

3. 实际应用：实施纵向评审　/　172

下一章预告　/　176

第十三章　薪酬一致，用贡献指数管理薪酬　/　177

因为计分卡中的每一个方案都是可衡量的，所以很容易通过某个指标查看员工结合所有指标和方案的绩效情况所创造的附加值。

1. 案例分析　/　177

2. 一致性规划：整合薪酬一致　/　178

3. 实际应用：改进绩效和努力指数　/　182

下一章预告　/　184

第十四章 实施全面一致 / 185

你在故事中所看到的案例，是我们在多个国家众多组织机构中看到的最好范例。全面一致已经成为公司首席执行官的管理利器。只要首席执行官愿意这么做并且以身作则，就一定会有效果。

1. 案例分析 / 185

2. 一致性规划：引领改变过程 / 187

3. 实际应用：实施全面一致的技巧和指南 / 189

最后一章预告 / 192

第十五章 全新的愿景一致 / 193

随着世界缩小成地球村，我们有了一项越来越明显的道德义务，那就是企业为社会和环境负责。

1. 案例分析 / 193

2. 一致性规划：实施全球一致 / 195

3. 实际应用：考虑企业的全球责任 / 196

结　语 / 197

导言

多年以前，我们搬家到了亚特兰大。从那时起，便开启了朝向《一致性管理》的征程。机缘巧合之下，经人介绍，我们有幸认识了弗兰·塔肯顿。弗兰曾是美国职业橄榄球大联盟的一名四分卫，入选过美国橄榄球名人堂。他当时开了一家咨询公司，帮助各组织单位通过行为管理来提高生产力。见面后的会谈中，我们就如何帮助公司进一步提高工作效率交换了看法。由此，弗兰预见我们的管理方法和他公司的咨询实践相结合将产生怎样的协同效应。于是，他邀请我跟他合作，创办一家新公司，取名叫塔肯顿信息系统公司。

一天下午，弗兰打电话给他的一个朋友，对方是南卡罗来纳州格林伍德纺织品公司的首席执行官。他在电话中说了一番话，大意是："我们公司有个人，他总有一些新奇的好点子。他似乎一直都知道自己在说什么。我想让他到你那里，和你们一起待几天，免费参观一下你们的设备，和员工聊聊天，看看数据流和生产流程。然后你就能知道，他会如何帮助你们提高公司的生产效果。"

在格林伍德纺织品公司，我和他们的员工一起待了两天，参观工厂，仔细查看各类流程，和公司各层级人员谈话。这些人包括各级主管、质量经理、工厂经理、运营副总裁和首席执行官。为期两天的行程即将结束时，一份完整的提案新鲜出炉了：简化管理信息流程、注重每个职位中可测定的附加值、系统化关注每个人的工作重心、跟踪随访实施效果。第三天，我将这份提案与实施时间表和成本表一同交给格林伍德纺织品公司。我们马上达成了合作。对于这次交易的速度之快，弗兰深感震惊。然后，他又联系了他所认识的其他公司的首席执行官，并派我前去进行为期两天的参观访问。在短短一段时间里，我们很快就卖出了5份这样的实施方案。在此期间，我一直注意到一种现象，那就是管理人员总是陷入一种困境，需要不断处理大量的繁杂信息。于是，我有了一个想法，那就是把管理者所需要了解的全部情况浓缩在一页纸之内。这一思想萌芽不断发酵，直至后来发展进化，成了一本专著：《一页纸管理》。

几年之后，我与塔肯顿各奔前程。然后，我决定创办自己的公司：信息技术有限责任公司。在妻子琳达的帮助之下，我开始撰写一本有关"一页纸管理"的书。我们坐在厨房的餐桌旁，共同写作这本书。我们联系了鲍勃·洛伯，他答应和我们一起撰写。他将书稿分享给《一分钟经理人》的作者肯·布兰佳。肯对我们的书产生了浓厚兴趣，并成了我们的粉丝。后来，《一页纸管理》在美国出版了，随后在12个国家陆续出版。随着这本书在诸多国家的先后发行，新的客户层出不穷。与此同时，我们的咨询业务扩展到了美国、英国、奥地利、德国和墨西哥。为了对信息进行跟踪，我们还开发了与业务配套的TOPS软件。

我们将"一页纸管理"理念运用到不同的行业部门。在此过程中，我们认识到流程一致性的必要性。有关一页纸的三份报告为个人明确相关要素提供了极大的帮助。但是，不足之处是，这些报告还没有与公司的发展战略达成一致。这便激发了我们写作《一致性管理》的初衷。TOPS软件已经发展成一个成熟的网络工具，可以对业务流程一致化进行无缝操作。从只有几名经理的小公司到拥有数千主管的大公司，都能够从中获得帮助。**一致性概念和流程一致性**都是从《一页纸管理》发展而来，并与之密切相关。于是，我们有了本书。

哪些人应该读本书

本书是写给企业领导人和公司管理者看的。为了以最好的方式说明我们的理念在实际生活中如何发挥作用，根据以往工作中为全球不同客户服务的经验，我们设计了一个虚拟的案例分析。我们以一些大型集团公司为基础，编写了一个故事，用来介绍与一致性相关的各种概念，因为我们希望能为大家提供多样化的情景，以便大家能够明白这些经验教训在实际生活中是如何应用的。而且，无论只有几个人的小公司，还是拥有若干子公司的集团公司，这些概念都同样有效，也同样有助益。当然，大家可以对这些经验之谈稍加调整，使之适用自己公司的实际情况和实际需求。只要公司里有接受下级工作汇报的管理者，他就应该采用本书所讲述的操作方法。所有公司面临的一致性挑战都是一样的，那就是要做到公司上下团结一致、达成共识、同心同德、共创佳绩。

本书将为你呈现以下内容：如何释放协同一致的巨大力量，如何创建团结一致的行动，如何将所有人的能量拧成一股绳，劲儿朝一个方向使，从而将公司成长的潜能转化为现实。我们的目的是帮助大家提高公司绩效，做法是消除公司里相互冲突的目标、去除烦冗的活动、简化办事流程，从而使公司里每个人都能够更加注重如何实现公司独特的价值主张。经过一致性流程操作之后，你将看到新的成长机遇等着你去探索。向你展示如何利用流程一致性所蕴含的独特力量，正是本书的目的所在。

《一致性管理》将帮助你思考以下问题，这也是每个公司都必须回答的一些基本问题：

- ◆ 我们是谁？
- ◆ 我们的核心价值观是什么？
- ◆ 我们的目的是什么？
- ◆ 我们是做什么的？为什么要做？
- ◆ 我们的使命是什么？
- ◆ 我们的未来是怎样的？
- ◆ 我们未来的愿景是什么？
- ◆ 我们怎样实现这个愿景？
- ◆ 我们的战略是什么？
- ◆ 我们如何执行？
- ◆ 我们怎样才能实施我们的战略？
- ◆ 我们如何坚持到底？
- ◆ 我们如何保持一致？

为了协助你回答上面的问题，我们在此提供了一个框架，而我们所提供的解决方案不仅仅是理论性概念。这里包括一些特别的流程、实用的方法和简单好用的工具。你在本书看到的所有流程都可以无缝对接，直接应用到你的公司，进行一致性管理，而不用在意你的企业身处何方。一致性需求是企业界的一种普遍现象。

请看下面这段话，我们相信这种说法永不过时，时至今日仍与作者写作时一样真实有效。这段话出自詹姆斯·柯林斯和杰里·波拉斯之手，发表在1996年10月号《哈佛商业评论》。

创建愿景型公司需要1%的愿景加上99%的**一致性**。如果公司拥有绝佳的一致性，任何一位来访客人就能根据他所看到的运营情况和种种活动推断出公司的愿景，而无须阅读任何文字性介绍，也无须拜访任何一位高级主管。创建规划方案或许是公司最重要的工作。但是，公司要做好的第一件事永远是重铸公司的愿景或使命，并将之融入创建愿景型公司所需要的有效氛围之中。如果你把这件事做好了，至少10年之内，你都不需要重新做。

毫无疑问，柯林斯此处所指的一致性比本书所讨论的相关概念更全面。然而，无论你的公司规模大小如何，也无论你的公司身在何处，这都是一个值得追求的目标。为了帮助你达成这一目标，我们在书中为你呈现了一致性的一些基本要素。根据我们多年从事企业咨询的经验，这些要素都是颇有价值的。它们包括以下方面：与市场一致、与公司愿景一致、与价值观一致、与战略一致，以及在时间长河中始终与其自身一致。或许你是一家创业公司，正在努力做大自己；也许你是一家大型公司，想要精益组织，从而提高效率。无论是哪种情况，本书都将为你提供宝贵的借鉴。

本书的结构安排

本书共有14章，每章分别讲述全面一致的一个基本构成要素。我们相信本书的结构安排能为你提供最大的价值。每章开篇都是一个案例分析，聚焦公司运营一致性的某个环节。虽然故事本身是虚构的，但却是以实际生活经验为基础；虽然案例中的公司并不存在，其中讲述的问题却是真实存在的，而且糅合了我们在实际工作中所遇到的各类不同的公司和不同的人。故事的目的旨在提供一个动态的舞台，便于提出那些将要解决的问题，以及那些与各种规模的公司都可能相关的问题。

借助这样的安排，我们力争为你提供一个趣味盎然又信息丰富的框架，用以探索构成本书的一些重要概念。我们借用书中的故事解释规划一致性的各个流程，借用故事的内容来促进读者对流程一致性的理解，而不是为了提出某个特定行动方案供人模仿。

然后，在每章第二部分，即"一致性规划"部分，会回顾开篇故事的学习要点，讨论故事对相关问题提供解决方案的理论依据。这样的安排有助于你更充分地理解规划一致性的相关概念。接下来，在第三部分，即"实际应用"部分，你将看到一些实例，帮助你将一致性规划的相关概念应用到自己的工作实践中。

实施全面一致的工具和策略

本书提供了实施全面一致的有关方法和流程。除此之外，为了便于你在自己的组织中开展一致性工作，还提供了以下具有附加值的工具：

◆ 在线调查表，用于评估公司的一致性现状。从调查结果中，你将看到哪些地方需要进行调整，以便减少不一致的地方。

◆ 实现愿景一致性的样表，用于将关键绩效指数和战略方案与公司愿景协调一致。

◆ 职责分配和个人计分卡样本，用于将公司职责金字塔中的职责具体分配到个人，并确定好每个人的计分卡情况。

◆ 用于明确个人成功所需核心技能的工具和简单好用的评估方案。

◆ 绩效评审样表，采用逐月审计结果的方式，对重大的正向激励和负向异常情况采取措施。

◆ 薪酬与绩效挂钩的薪酬方案。

我们衷心希望你会喜欢本书，也希望你能享受阅读的乐趣，发现书中所述方法所蕴含的神奇力量，继而带领自己的组织协同发展，提高效率，并使之达到新的高度。

第一章
全面一致的必要性

就让我们从导言所提到的案例分析开始吧！这个有关公司运营的案例分析将出现在每一章开篇部分。在本章，你了解到的是 X 集团公司首席执行官布莱恩。X 集团是一家非常成功的大型集团公司，但是还需要一致性的调整。接下来，你将了解到全面一致是什么意思，也将了解到它为什么会对公司成功至关重要。

1. 案例分析

在芝加哥某会议大厅，参加会议的来宾们摩肩接踵。X 集团公司首席执行官布莱恩·司各特走入会场，在前排挑了个位子坐下来。根据安排，他将在会上发表主题演讲。布莱恩应邀前来演讲，是因为他最近成功收购了一家高科技创业公司，也因为他前些年挽救了一家境况不佳的公司并带领它走向了辉煌。

听到主持人报出他的名字之后，布莱恩走上讲台，他仔细打量了一下会场中的听众。快速瞄了一眼演讲提纲之后，布莱恩满怀信心开始了演讲。他讲述了自己作为X集团公司首席执行官所采用的领导类型，表达了自己对公司扩大之后的企业愿景和对行业趋势发展的看法，还解释了新近收购的泰科科技公司为什么是X集团公司的合适之选。

布莱恩讲话结束后是现场提问环节。第六排一位年轻女士举手发言，问布莱恩接下来打算如何对新并购的创业公司与集团公司原有的其他子公司之间进行文化上的整合。"这个问题问得好。"布莱恩回复说。这是个好问题，而且问到了点子上。布莱恩自己也知道，收购一家拥有独特企业文化的创业公司是冒了一定风险的，但这种风险是可以估算的，而且可能带来非比寻常的投资回报。

在对女士的问题做出乐观解释的时候，布莱恩在她身后几排的座位上看到一张熟悉的面孔。他很高兴看到马克·卫斯理。在布莱恩初任X集团公司首席执行官并努力扭转公司不良局面的时候，马克是他最信赖的顾问。马克帮他解决了许多信息技术方面的问题，布莱恩总是充满感情地称他为"技术通"。

接下来，布莱恩继续请其他人现场提问并做出了回答。安排给他的时间结束之后，布莱恩离开讲台，挤过乱哄哄的人群，想去跟技术通马克打个招呼。可是，马克早就离开会场了。看见几个朋友和同事的时候，布莱恩跟他们握了握手，然后回到行政楼他的套房。一进房间，他就看到橱柜上有一个立着的信封。布莱恩打开信封，里面是一张便条，上面写道："恭喜！向你新近迎接的挑战表示良好的祝愿！"签名是"技术通"。布莱恩一边笑着，一边看着来自老朋友和老顾问的祝福留言。马克知道布莱恩喜欢挑战，而且他更愿意将之看作机遇。显然，新收购一家公司既是挑战也是机遇。

泰科科技是其创始人诺曼·伊万斯的心血之作。诺曼是一位极具天赋和创造力的企业家。15年前，他凭着一些了不起的好点子，几乎没用多少资金就创立了一家公司，并从零开始逐步将之发展成价值7500

万美元的公司，可以说是白手起家。现在，他却选择将之卖掉。布莱恩吃不准诺曼为什么要把公司卖掉，但他认为其原因无外乎两个：其一，公司增长困难，难以"百尺竿头更进一步"；其二，公司很难从一个成功的初创公司发展成一家高增长公司。泰科的规模相对来说还是较小的，但布莱恩能够看出它蕴含着巨大的潜力。他仔细研究了该公司的各类数据，尽职尽责地进行了调查，然后向公司所有者提出一个颇具吸引力的报价。果然，诺曼高兴地接受报价。布莱恩希望这家创业公司能成为X集团公司技术开发与研究的支撑，同时也希望它能为集团其他产品和服务做出补充。

布莱恩的判断是正确的。泰科科技当时正在努力扩大规模，而且遇到了许多创业公司都再清楚不过的难题，那就是资金运转困难。诺曼原本的设想是要超越公司发展的**转折点**，从而成为行业中一个主要参与者。所谓转折点就是公司由于规模太小无法做大或者由于规模太大无法做小的处境。不幸的是，诺曼的设想没能成功实现。他花了巨大的精力，想要寻找一个不会让他放弃太多公司控制权的资金来源。然而，他询问的每个资金来源都坚持获得公司的控股权。诺曼还进行了调研，聘请一个职业首席执行官，希望他能为公司带来新能量，注入新活力，从而使之迈上新台阶。然而，这个名叫彼得·伯格曼的新首席执行官，却并没有像诺曼希望的那样，为公司找到一条出路。彼得有着自己的工作安排，做出了几次糟糕的决策，给泰科科技造成了实质性伤害。就在诺曼打算辞退彼得，另寻他人的时候，布莱恩·司各特出现了，而且提出一个令他无法拒绝的报价。如此一来，诺曼就把泰科科技卖给了布莱恩。虽然难免有一点点遗憾，但更重要的是，诺曼感到欣慰和感激，毕竟这个交易是极好的。

在那次公开的主题演讲会上，布莱恩看到了他以前的顾问。之后没过几个月，泰科科技就遇到来自管理一致性方面的问题。突然之间，这家新并购的公司损失了两个最大的客户。布莱恩对此十分关心，很想找到问题的症结所在。他电话联系了公司首席执行官彼得，但发现对方闪烁其词，显然对于问题的解决毫无帮助。

于是，布莱恩决定亲自前往西海岸，去对泰科总部进行探访调查。到了泰科总部之后，布莱恩立即安排总部人员在会议室里会谈。布莱恩的调查开始了。他第一个谈话的对象是销售主管安德鲁·卡尔森。布莱恩惊讶且不无担心地发现，尽管早在6个月前的规划会议上就制定了明确的公司战略，各个地区仍在坚持以前的工作议程安排。根据规划，公司战略是着重发展核心业务，摒弃非核心产品，发挥技术杠杆作用，并使之成为公司的竞争优势。为了积极发展核心业务，该战略主张运用一套集成系统软件。显然，安德鲁并不赞同公司战略所提出的摒弃非核心产品这一做法，因为他觉得这些产品仍然能用。为了证明自己的观点，他不仅向现有客户继续推销这些产品，而且也向新的目标客户推销。与此同时，因为忙于宣传两款非核心产品，销售部工作人员没能抽出时间去陪那些重要的关键客户。

另外，业务经理也在努力维护现有的软件系统。这套系统是他自己在几年前设计开发的，因此，他对新软件进行了消极抵制，在新软件系统的测试与实施方面毫不作为。接到客户有关软件转换的投诉时，业务部只会找借口，却不对问题予以解决。市场部也有问题。市场部员工宣传的产品与销售部积极推行的产品完全是两回事，其结果是双方的期望值都无法达成。

"这完全是一艘无舵之船呀。"布莱恩暗自沉思。在他看来，要想将泰科引回正轨，首先要做的第一件事就是辞退首席执行官彼得。尽管这样做很严厉，但是布莱恩知道，彼得其实是无所作为的。毫无疑问，诺曼当初极力想管控自己的公司，才聘请首席执行官帮助自己管理和构建系统。这一聘任明显是个错误。彼得理应可以避免两名关键客户的流失。

2. 一致性规划：理解全面一致和不一致

泰科科技发生的事情属于典型的管理不一致。这究竟意味着什么呢？我们可以这样设想，它就像一列脱轨的列车，其动能还在，却没人知道它会开到哪里。举个例子来说，尽管公司制定了发展战略，却没有人在意它。每个人都在按照各自的议程安排忙碌着，却不会想到自己的行为会给公司成败造成什么样的影响。他们对公司的战略要么积极反对，要么消极抵制。大家似乎没有一个统一的愿景，公司也缺乏强有力的领导。很多公司的员工都会做出这样的行为，甚至在那些正常运营的公司里，情况也是如此。其结果便是，为客户服务这件真正重要的事情遭到了忽视。不过，我们如何能够确定一家公司有没有做到管理一致呢？先来看看所谓全面一致的画面是什么样的。

要想判断一个公司是否做到**全面一致**，看它是否做到了以下几点：

- ◆ 目标统一，愿景清晰，战略与愿景一致。
- ◆ 个人为公司愿景和战略做出贡献并承担相应职责。
- ◆ 员工职责明确，有关键指标追踪工作进展。
- ◆ 个人能力与团队任务一致。
- ◆ 个人行为与公司价值观一致。
- ◆ 在适当的层面，团队有权制订方案并采取行动以提高绩效；跨职能部门的职责划分明确，留有空间针对各种问题提出联合解决方案，从而不再出现"谷仓效应"。
- ◆ 薪酬与绩效挂钩。

用上述方法界定公司管理的全面一致，就是为了让员工在实现公司愿景过程中关注自己的职责，并提高工作过程中跨部门合作。

下面再来界定一下什么是管理上的不一致。如果公司员工追求的目标和工作日程安排彼此不一致，不能有效统一起来，这样的公司便没有做到管理上的全面一致。确定公司究竟在多大程度上不一致的方式，就是仔细核查是否存在以下情况：

◆ **决策时间过长**。决策太慢必将降低公司成长所需要的动能，从而使公司在竞争中处于不利地位，尤其是在面对咄咄逼人的竞争对手和处事更为灵活的公司时，情况更是如此。花费一定的时间做出决策或许有其正当的理由。然而，倘若决策进程缓慢是因为没有明确界定由谁做出决策，或者是因为大家对公司愿景和战略不甚理解，那么这些情况将严重阻碍公司的行动能力，甚至使之处于瘫痪状态。这些都是公司没有做到管理一致的标志。

◆ **会议过量**。会议是交流思想和观点、制订计划和回顾进程的必要手段。然而，许多公司却因为会议太多而僵化不前。这些会议时间长、主题不突出，既浪费了时间，又降低了效率。如果你的公司恰好存在这种情况，其背后的原因很可能是责任划分不明确。如果责任人划分不明确，就意味着每个人都要承担责任。于是，就会有过多的人应邀前来参加会议。在那些等级森严的公司里，各职能部门的经理总感觉自己有必要去参加各种会议，或者派人代表他们参加会议。如此一来，参会人员的数目就会变得太过庞大，会议时间也变得太过冗长，这将不利于公司有效行动。同时，会议结束之后，要办的事情却几乎毫无进展。

◆ **邮件负荷过重**。我们这里所谈的邮件负荷并不是指垃圾邮件的负荷，因为垃圾邮件可以用电脑软件直接删除。我们指的是大家接收到的并且不能忽视的日常邮件。技术娴熟、知识丰富的员工们每天花费太多时间用来处理邮件。虽然那些重要的邮件理应予以回复，但是大量的其他邮件却没有回复的必要。电子邮件之所以会如此大批量发送的原因之一在于许多公司责任划分不明确；在发送邮件时，各部门经理认为自己有必要复制一长串的收件人名单，用以保护自己免受批评，或者表示自己严格遵守单位的等级制度。邮件负荷过重可视为公司没有做到管理一致的一种行为。

◆ "谷仓效应"严重。"谷仓效应"是一个商业术语，用来表示公司各部门单打独斗、彼此之间缺乏信息共享的现象。这种信息封闭可能是有意为之，也可能是无意为之。通常情况下，各职能部门可能会变成一个个独立的地盘，各部门职员严格保护着自己的信息和利益。这种现象在各种各样规模不一的公司中普遍存在。发生在泰科科技的事情是中等规模公司存在"谷仓效应"的例子。市场部、销售部、业务部和IT部全都固守自己的地盘，各自行动，相互之间既没有信息共享，也没有沟通交流。"谷仓效应"的存在可视为公司没有做到管理一致的一个标志。

◆ 责任不明。如果责任划分不明确，要么没有负责人，要么负责人不堪此任，要么是好几个人争相掌权。这些情况都会对公司盈利能力产生各种不同的影响。如果绩效良好，大家可能会争相居功；如果绩效不好，大家就会相互指责，互相推诿责任。这些都是公司没有做到管理一致的表现。

◆ 基层人员无权行动。如果基层人员认为自己无权决定任何事情，你的公司或许存在管理上不一致的问题。一线员工负责产品的销售与交付，并为用户提供服务。如果他们没有任何权力采取行动，只能等待上级管理人员的指示，客户就会遭罪，客户忠诚度也将受到损害。这是公司管理没有做到一致性的一个重要表现。因此，你需要让公司基层工作人员获得责任界定明确的授权，因为他们是公司与客户之间的桥梁，在帮助公司与市场达成一致方面发挥着重要的作用。

◆ 人与人之间的交流不能开诚布公，而是以保护个人利益为前提。如果你感觉到公司里人与人之间的交流都是非公开的，不能自由进行，或者人们在信息共享方面谨小慎微，你可能面临着管理不一致的问题。实际上，信息不归任何势力范围所有，它是属于公司的，任何有正当需求的人都应该有权获取信息。当管理者与其直属下级谈话的时候，如果下属是有选择性地提供信息或者向自己的顶头上司隐瞒部分信息，这样的会谈便不会产生任何有用的结果。

◆ **公司内部缺乏动力**。这是没有做到管理一致的公司中普遍存在的一种萎靡现象，是我们前面描述定义时所提及诸多因素共同作用的结果。缺乏动力将使公司员工变得冷漠，继而产生一种"无所谓"的态度。员工冷漠是一个很严重的问题，会对公司走向成功产生负面影响。要想获得成功，公司需要做到目标统一、愿景清晰和战略明确。然而，员工冷漠会让这一切成为空谈。

◆ **人心迷惘，流言四起**。前面描述了管理上全面一致的公司究竟是什么样子的。假如没有这样的画面，公司员工就会变得困惑：他们不知道自己所在的公司将何去何从，不知道自己该干什么，也不知道自己为什么要这么做。当人们困惑太久之后，就会有很多人到处说长道短，散布一些无聊的看法或者小道消息，使得人心涣散，或者给公司造成破坏。人心迷惘和流言四起是公司没有做到管理一致所产生的副产品。

对于任何公司来说，无论其规模如何，都或多或少地存在以上症状。如果你在自己公司里察觉这些症状，或许会希望进一步探索，你究竟在多大程度没有做到管理一致。为此，我们开发了一个评估工具，在下一节进行详细描述。该工具在很多公司得到了实际使用：从销售额不足100万美元的公司到销售额高达40亿美元的公司都实际使用过该工具。对于类似布莱恩在泰科科技所发现的问题，这个工具可以帮助你防微杜渐。

3. 实际应用：一致性水平评估

本节介绍的评估工具涉及7个板块。下面首先描述各个板块，然后陈述其重要性的原因所在。此外，将进一步解释本书对应各章将如何帮助你提高具体板块的一致性程度。

◆ **工作重心与方向。** 用于衡量公司在多大程度上做到引导员工将工作重心和工作方向与公司战略和愿景保持一致，从而有效实现公司目标。无论公司规模是大还是小，都必须号召员工以实现公司愿景和执行公司战略为工作指导方向。否则，他们将会忙于自己的事务安排或者其他活动，从而分散精力，让员工困惑并妨碍公司的工作进程。倘若公司没有统一指引工作重心和工作方向，其代价是什么呢？相关成本的具体数字是难以计算的。但是，我们可以举例来看。假如有30%的员工没有做到与公司愿景和战略一致，这30%的劳动力成本就会转变为公司工资总额中没有工作重心和工作方向的30%。这一资源浪费的比例是相当高的。请好好想想这种浪费在人力资本和实际成本两方面可能造成什么样的影响吧。那么，该如何引导员工以公司愿景和战略为工作重心呢？我们的建议是，可以将构成公司愿景和战略的各组成要素加以细分，然后将具体职责指派到相应级别的员工身上。有关这一点的具体做法，将在第六章详细解释。

◆ **战略执行力。** 用于衡量公司战略的实施或执行情况。战略执行力是公司成败的关键。然而，很多公司在这方面做得不够好。商务专家保罗·沙曼在《商业金融》中提到，90%的公司没能执行他们的战略计划；60%的公司所制定的战略不合乎其预算；75%的公司没有将激励措施与公司战略挂钩；95%的公司的员工没有理解公司战略。战略执行力的失败会使公司陷入险境，并损害其在竞争中的地位。战略失败的原因在于执行不力。怎样通过管理一致提高公司的战略执行力呢？对此，将在第四章至第七章详细解释。简而言之，公司为每一个人制作一张计分卡，卡上明确阐述每个人在战略执行方面的职责。公司为员工提供培训与支持，帮助大家理解什么是卓越的执行力。公司还要建立一套系统的跟踪回访机制，按月核查计分卡并随之做好相应的整改工作，从而有效提高员工的战略执行力。

◆ **纵向一致**。你的所作所为会强化你上级的所作所为；你上级的所作所为又会强化他上司的所作所为；依此类推。如果你的公司规模较小，是不是也是这样呢？毫无疑问是的。如何发现公司没有做到纵向一致呢？我们来做一个简单的测试练习。首先，列出你的直属下级为了与公司愿景和战略一致必须做的5件事情。然后，给这些事情加上权重，并按权重进行排序。例如，将100分的50分赋予第一件事情，因为它最重要；将另外20分赋予第二件事情，依此类推。接下来，要求你的直属下级如法炮制，按权重独立完成对5件事情的排序。在将两张事项重要性排序表进行比较时，你很可能会发现上下级之间在纵向一致方面存在惊人的偏差。上下级之间没有做到纵向一致的代价是什么呢？其代价将是巨大的。尽管你觉得你的直属下级关注的是一些恰当的事情，实际情况却可能很不一样。那么，怎样才能提高纵向一致水平？为此，第十二章介绍了一种管理流程，名叫纵向评审流程。该流程采取一对一的形式，由管理者与他的直属下级每月面谈一次，对纵向一致情况做出持续性检查，并提供指导，使其有效提高绩效。

◆ **横向一致**。指的是公司内部不同职能部门的工作人员之间进行的跨职能合作情况。职能部门的员工为公司同事们安排工作议程，投入必要的时间为小伙伴提供支持，以帮助他们取得成绩。即使这样的时间投入并不能给自己带来直接的好处，他们也是在为公司的成功做出贡献。为什么说横向一致很重要呢？因为这种类型的合作可以有效预防公司出现"谷仓效应"。没有做到横向一致，可能产生的后果有三个：其一，公司活动因为缺乏合作而不能按时完成；其二，公司活动在没有其他职能部门参与的情况下过早结束；其三，更重要的是，公司将由此丧失一次良好的机会，不能通过思想与才智的交流来打造更卓越的执行力。那么，怎样才能提高横向一致的水平？我们的建议是，你可以将相互合作的要求设置成公司个人计分卡的行为要求。第七章将对这些问题做进一步的探索。

◆ **能力一致**。指的是必须确保负责具体指标的个人具备相应的技能和能力。如果做不到能力与职责一致，职务授权将无法发挥作用，因为无法保障所做工作达到质量要求。因此，老板不得不把工作接过去并亲自负责，或者将之指派给其他人。没有做到能力与职务一致，需要付出什么样的代价？可能有两种情况：其一，需要另派他人完成本应由你完成的工作，这意味着公司需要花费双倍成本才能取得单倍成本就能取得的绩效，而这还不包括工作时间上的延误；其二，缺乏职务必需能力的人所做工作不能令人满意。那么，怎样才能提高能力一致水平呢？可以采用第九章提供的流程。根据这一流程，公司各级领导都应与其直属下级确认个人需要哪些与计分卡相匹配的技能，并做出相应评估。他们制订并贯彻一个如何提高技能的方案。这样的方案还可以包括合作者需要的进修深造、辅导培训或者其他活动安排。

◆ **价值观一致**。指的是员工行为要与公司价值观保持一致。这意味着员工应该将公司价值观体现在所有的日常活动中。没有做到价值观一致，需要付出什么样的代价？如果员工行为没有与公司价值观一致，其后果将逐步腐蚀客户、供应商和员工对公司的信任，最终导致客户流失、供应商流失，甚至公司人才的流失。那么，如何才能提高价值观一致水平？可以采用第十一章和第十二章介绍的两个相似流程：团队评审和纵向评审。这两个流程都会谈到价值观一致的问题。在团队评审部分，团队全体成员聚到一起共同探讨如何在团队工作中体现公司的价值观。在纵向评审部分，团队负责人与团队单个成员商讨如何在日常生活中践行与公司价值观保持一致的个人行为。

◆ **薪酬与绩效一致**。奖励一致指的是公司如何针对员工所取得的成果对其予以奖励。个人为公司创造价值，必须获得公平的奖励。没有做到奖励一致，会付出什么样的代价？员工看到自己的辛勤工作得不到认可，工作积极性便会下降。如果对员工进行奖励是基于一种不公平的体系，你可能会流失一些人才。那么，如何才能做到薪酬与绩效一致？为此，第十三章提供了一套奖励机制。该机制要求跟踪测算个人计分卡上的所有指标，并计算个人贡献率，由此衡量个人对组织的总体贡献情况。公司可以根据贡献率这个指标确定员工的奖励乃至薪酬情况。

使用一致性调查表

图表1-1中的一致性调查表，旨在帮助你对公司的一致性水平现状获得初步认识。对于从这次评估中所得出的各项结论，我们鼓励你通过进一步收集和分析数据加以验证。最好的做法是，随机抽选公司各级管理人员而不仅仅是第一负责人来填写该表。如此一来，你可以更全面地了解公司职员的想法。如果你的公司规模大，可以让每个部门单独填写。如果公司规模很小，可以鼓励每一个人参与调查。我想强调的关键是，第一负责人或者最高管理层不一定能接触到公司里所有不一致的地方。

第一章 全面一致的必要性

板块	问题	得分				
		10	7.5	5	2.2	0
工作重心与方向	员工是否理解并接受公司的愿景和战略	所有人	大部分人	大约一半	一部分人	几乎没有
战略执行力	是否所有战略方案都能获得必需的资源，以确保获得卓越的执行力	所有人	大部分人	大约一半	一部分人	没有
纵向一致	是否所有层级的员工的目标和优先工作事项都与公司战略一致	所有人	大部分人	大约一半	一部分人	几乎没有
横向一致	员工能否与不同部门同事自由合作	所有人	大部分人	大约一半	一部分人	几乎没有
能力一致	是否所有职位上的个人都具备与其职责相匹配的能力	所有工作	大部分工作	大约一半	一些工作	几乎没有
价值观一致	个人行为是否与公司的核心价值观一致	所有人	大部分人	大约一半	一部分人	几乎没有
薪酬与绩效一致	薪酬是否与绩效挂钩	所有工作	大部分工作	大约一半	少量工作	没有

图表1-1 一致性水平调查表

你会发现，这个评估工具的每一个板块都设有相应的问题。如果需要多项选择题形式的评估表，请登录我们的网站www.totalalignment.com/as。从0到10的得分对应公司一致性水平现状。假如某个项目的得分是4分，那就意味着公司在该项目的一致性程度是40%。如果将所有7个板块的得分加起来再取平均分，你得到的是一个表示公司总体一致性程度的指标。得分的依据是上面所列举的7个板块，可以从中了解公司总体的一致性程度。尽管此一致性调查表并不是精准的衡量仪器，却可以提供一些非常有价值的信息。

为了直观审视相关结果，你或许希望构造一张类似图表1-2的雷达图，并在上面呈现所有得分。其实，只要画一张雷达图，并给每一个板块标上得分就可以了。当然，如果将每项得分输入Excel表格，就可以用软件自动生成雷达图。

示例雷达图说明一致性程度接近50%的公司是什么样子的。从中我们可以看到，一致性偏差方面问题最大的地方是"工作重心与方向"部分。该部分的得分情况说明公司在这方面还需要进行大力整改才能取得更高的一致性。

通常来讲，图表1-2所示的就是员工没有参与建构企业愿景和战略的公司。对于中小型企业来说，如果只是所有者在追求其个人目标，在实践过程中形成战略并独自做出所有重大决策，它的一致性雷达图基本上都与此类似。对于职能部门之间存在"谷仓效应"的公司而言，偏差最大的地方往往在于横向一致方面。对于那些愿意花费时间和精力让员工参与决策的公司来说，各方面的偏差都要小得多，因而其一致性雷达图完全不一样。

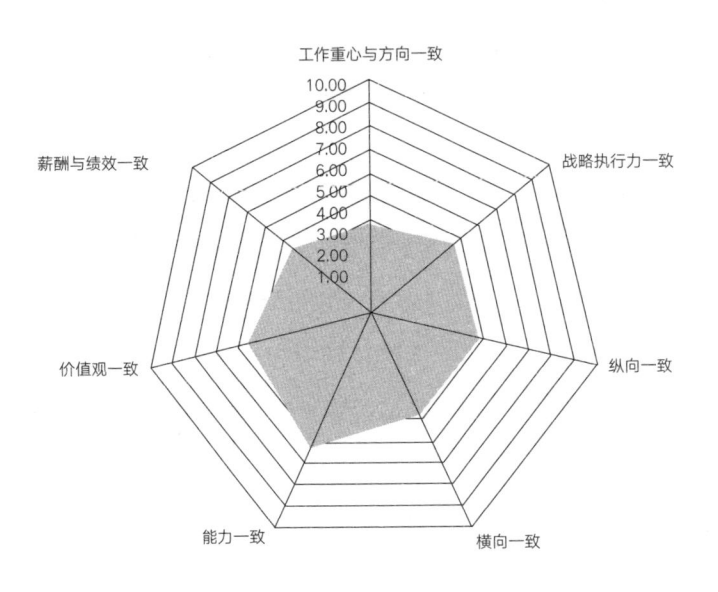

图表1-2　企业一致性雷达图

提高一致性水平

雷达图上的总平均分是一个非常有用的指标，可以帮助你确定公司一致性的整改目标。图表1-2中，总得分率大约是50%，这意味着该公司一致性水平存在巨大的提升空间。或许你想设置的目标是总体百分比逐步提高到79%，然后是90%，最终达到100%。不过，当你使用该调查表时，倘若看到一些很低的分数，千万不要感到意外。100分固然是理想的，但是，根据我们的经验，从我们评估过的大部分公司（即使是那些成功的公司）的得分情况来看，其内部一致性的得分指数都没有超过60%，而且我们还见过分数比这低得多的公司。

我们鼓励你召集团队的所有成员，共同探讨一致性调查表上的各项得分结果，并进一步用数据分析验证自己的发现。请务必弄清楚你们通过调查表所看到的那些一致性偏差是否精确描述了正在发生的事实。你将发现，这样的对话非常有价值。一旦你们就公司一致性的不足程度达成共识，就可以对比上面7个板块中的描述来讨论公司一致性偏差问题将造成什么样的损失，要知道，这些偏差正不知不觉影响着公司的盈利能力。

下一章预告

现在，一切就绪，我们可以开始整改，朝公司一致性目标前进了。在下一章，你将学到的是，如何建立统一的使命和愿景，并了解到这为什么是达成管理上全面一致所要进行的首要、基础的步骤。第二章伊始，先简短延续第一章出现的虚拟案例，以此说明与使命和愿景相关的一些重要概念。在随后各章中，你将学到一些概念、方法和流程，为公司达成全面一致建立稳固的基础，然后在此基础上建构并保持公司管理的全面一致。

第二章
统一愿景，看到公司未来的样子

布莱恩和他的团队成员正在努力解决一个问题，这是每个公司都必须解决的问题，那就是领导团队如何让公司每个人都理解公司的使命和愿景，并对之坚信不疑？接下来，你将学到的是，如何在企业创建真正的共同使命和愿景，以及如何使之成为公司全面一致的基石。

1. 案例分析

从泰科科技总部调研回去之后，布莱恩·司各特联系了他最信任的顾问，也就是技术通马克，与他讨论了自己在新收购公司中面临的挑战。在一次早餐会议上，他们重新审核了泰科收购案，得出的结论是，公司最主要的问题在于管理上的不一致。技术通向布莱恩介绍了公司管理一致性水平调查表，并对该调查表所审查的7个板块进行了解释说明，告诉他如何运用雷达图分析这些板块，以此了解员工对公司的看法。布莱恩决定试试这个调查表，测试范围不仅包括泰科科技，而且包括整个集团的其他子公司，如 X 集团美国公司、IES 公司和 Cellular 手机等。

看到整个集团调查表统计出来的结果后，布莱恩意识到，不仅是泰科科技，而且是整个集团的每一家企业，都存在管理不一致的问题，只是各自程度不一、表现领域不同罢了。技术通向布莱恩保证说，根据他的丰富经验，大部分公司都存在这样的问题。为了提高一致性水平，布莱恩提出了若干行动方案。技术通看过之后认为，其中最有效的做法是将他的团队成员全部召集起来，让大家共同参与，献计献策，为公司创建统一的使命和愿景。他指出，统一企业使命和愿景是实现全面一致的基础，并有助于一致性方案的更好实施。布莱恩对此深表赞同。

一个月后，X 集团高层领导人齐聚外地某度假酒店共度周末，与他们一起的还有技术通马克。马克先向每个人问好，然后解释说，对于缩小一致性水平调查表中的各项差距而言，他正在推行的全面一致流程将发挥关键作用。他强调说，全面一致始于共同的**使命**、**愿景**和**价值观**；他还表示，**使命**、**愿景**和**价值观**将构成一个核心框架，将公司走向成功所必须开展的各项活动紧密地连接在一起。他希望各位参会者始终在轻松友好的氛围中畅所欲言，献计献策，共同确定此次会谈的指导原则，从而帮助他顺利推进这一流程。接下来，技术通做出安排，邀请他们一起制定整个团队的使命和愿景。下面是他们提出来的使命：

X 集团公司使命

我们的使命是实现即时、高质量、实惠的全球沟通。

下面是他们提出来的愿景：

X 集团公司愿景

未来 5 年内

我们将成为具有全球影响力的首选通信公司。

我们将在竞争中脱颖而出：

为客户提供独特的品质和服务，

> 提高集团所有企业的经营效益，引领行业技术，
> 为员工提供优质、公平的待遇，为客户提供卓越价值，
> 为股东提供满意的投资回报，
> 为社区服务做贡献。

2. 一致性规划：理解使命和愿景的作用

从上述故事中，我们可以看到：我们这个虚拟公司的高层管理人员全部聚到一起，为公司制定共同的使命和愿景。实际上，集团旗下的所有企业早已确立了各自的使命和愿景。但是，从集团这一更高层面来看，却没有统一的企业使命和企业愿景。这次演练产生的价值就是，整个高管团队共同参与、创建了集团层面的宣言，以此确保最终讨论结果为整个团队所有，确保大家都能深刻理解使命和愿景，并熟知各自的任务是什么。

大多数公司都会在商业计划书中陈述自己的使命，描绘公司的愿景，描述并提出公司的价值主张。领导人会时不时地引用这些陈述，也可能会以此激励自己的员工、投资者、供应商或者客户。许多公司会把使命和价值观陈列在走廊两边的墙壁上，或者张贴在进入办公大楼的入口处，或者发布到公司网站上。但是，几乎没有多少公司会将使命和愿景放在自己所做事情的中心位置，并将所有评估指标与使命和愿景紧密地联系在一起。然而，如果想在组织中实现全面一致，就必须这样做，必须突出使命、愿景和核心价值观，并将它们放在组织所有业务的中心位置。

一个组织的核心价值观是对其根本信仰的陈述。无论它们对公司的盈利能力有什么样的影响，永远都不要去触犯这些价值观的根基。如果客户不喜欢你的价值观，就去寻找其他喜欢你的价值观的人。在第十

章，你将更多地了解到有关核心价值观的内容。

总之，核心价值观、使命和愿景是三个奠基性的陈述，它们共同构成了企业全面一致的基本框架。接下来，让我们先仔细了解一下使命陈述。

使命陈述

一个有效的使命陈述具备一些特征，由此传递出组织的目标，而不是如何实现目标。它传达出的信息是：作为一家公司，你能够提供什么样的产品和服务，从而创造价值。如果你的使命能够激励公司员工，他们就能够找到工作的意义，从而心甘情愿为实现公司使命努力奋斗。正是因为员工有了使命感，公司才能够得以成长，从而使得公司基业长青。实业企业通常都是始于创始人的使命感和实现使命的奉献精神。正是因为有了使命的力量，他们才能够历经艰辛起伏，不断奋斗，战胜失败并最终将企业做大做强。

关于如何撰写使命陈述，已有大量论述。有人认为一份使命陈述应该包含九大特征，有人提出七大特征，也有人表示五大特征就够了。通常来讲，大家认为使命应包含以下构成要素：

- ◆ 哲学观
- ◆ 企业形象
- ◆ 产品
- ◆ 服务
- ◆ 市场
- ◆ 技术
- ◆ 盈利
- ◆ 成长
- ◆ 人

我们相信，这些都是重要的因素，但把它们全部纳入企业的使命陈述则未免太多了。如果一个使命陈述太长或太复杂，它就会失去效果。

在为客户做咨询时，我们总是建议说，使命是用来并且只能用来陈述公司目的，也就是说公司究竟是做什么的？为什么做这个？使命不会随着时间的推移而有所改变，它将引领你走过未来的漫长岁月。

下面我们看几个例子。这里的4个使命陈述分别来自全球4家成功企业。乔纳森·克尔文将之引用在 www.quora.com，安德鲁·汤姆森在2016年7月18日的《科学警告》和9月20日更新的《企业管理》中都引用了这些使命。

- ◆ 优步：让出行像自来水一样可靠，无处不在，人人可用。
- ◆ 谷歌：整合全球信息，使人人皆可访问并从中受益。
- ◆ 星巴克：激发并孕育人文精神——每人、每杯、每个社区。
- ◆ 特斯拉：加速世界向可持续能源的转变。

先看看优步的使命陈述。优步的目的是实现可靠的交通。只要想象一下自来水在重力作用下流淌的可靠性，就可以发现这一形象是生动和实用的。"无处不在"和"人人可用"这样的用词彰显优步进军全球市场的目的。注意，优步并不一定要实现这个目的。但是，它必须鼓励自己的员工朝着实现这个目的的方向努力。

从谷歌的使命陈述中，可以看到谷歌所做的三件事情：整合全球信息；使全世界的人都能访问；并使这些信息是有用的。做这些事情的深层次原因就是为了帮助他人。

星巴克的使命陈述听起来很不错，而且非常有效，因为它意味着喝咖啡或其他饮料可以激发并孕育人文精神。如果你喜欢喝咖啡，但是不同意这个前提，请记住，这则宣言并不是针对你的，它是针对星巴克员工的，就是为了鼓励他们相信，事情就是这样的。

再来看看特斯拉的使命陈述：加速世界向可持续能源的转变。这是一条十分鼓舞人心的使命陈述。它认为可持续的交通是社会发展的必然结果，而特斯拉可以加速交通从汽油到电的转变。此处传递的信息是，可持续性交通将会越来越实惠，它将消除对石油的依赖，并将消除石油消耗对我们地球造成的不良影响。

从以上示例中可见，这些使命背后的理由都没有明确阐述，而是留给读者自己解读。不过，理由越清晰，能激发的力量就越强大。

一般来讲，使命陈述应包括以下内容：

- ◆ 做什么
- ◆ 在哪里做
- ◆ 为谁服务
- ◆ 为什么这样做

以上问题中最重要的是"为什么"，因为这个问题的答案就是你的目的，而你的目的是持续不变的。你做什么、在哪里做或者为谁服务这些要素都可能会发生改变。但是，你为什么做这些的原因却不会改变。

企业愿景陈述

企业愿景是一种期望，是你对未来岁月中如何实现公司使命的一种想象，是你对未来5年、10年或20年的规划蓝图。显然，时间窗口越长，对未来加以展望的难度就越大。假如你的使命陈述的是一种基本需求，这一需求将在时间的长河中持续存在。另外，即使其他一切都将改变，唯有目的不会改变。因此，你完全可以确立10年或20年内的愿景。当然，如果愿意，你也可以选择3年到5年的时间窗口确立企业愿景。总之，无论确立企业愿景的时间窗口是多久，企业愿景都能描绘出公司未来的样子。

看看下面两个公司的企业愿景。安德鲁·汤普森和劳伦斯·格里高利分别在 2015 年 9 月 20 日和 2015 年 9 月 10 日的《企业管理》期刊中引用了这两个宣言。

◆ 谷歌：点击一下，全世界信息触手可达。
◆ 星巴克：将星巴克打造成全世界最好咖啡的首要供应商，同时在成长过程中保持我们不妥协的原则。

以谷歌为例，它的使命是"整合全球信息，使人人皆可访问并从中受益"。该使命达成之后的画面是这样的：点击一下，全世界信息触手可达。由此我们可以看到，愿景和使命是不同的，但它们又是相互关联的。

再来看看星巴克的情况，它的使命是"激发并孕育人文精神——每人、每杯、每个社区"。对星巴克而言，实现其使命就意味着成为"全世界最好咖啡的首要供应商，同时在成长过程中保持我们不妥协的原则"。在这里，我们再次看到使命与愿景是如何相辅相成的。

虽然企业的使命与愿景密切相连，但要从企业使命中凝练出企业愿景却是一个没有捷径可走的创造性过程。要想制定自己的企业愿景，你得想象出企业在未来某个时候完成使命之后的样子，同时还要考虑市场需求、潮流趋势和技术进步等问题。我们在这里给你提供的并不是一个公式，而是一系列问题，这些问题在你展望未来并构想自己的企业愿景时可以激发你的思考。千万不要复制我们上面给出的例子，或者其他人的使命和愿景，因为你的实际情况是不一样的，而且创建自己使命和愿景的过程也有其自身的内在价值。

使命陈述和愿景陈述的质量

衡量使命陈述和愿景陈述的质量标准是，它们在多大程度上提高公司管理的清晰度，以及它们在多大程度上激发员工的行动力。如果你想对公司进行一致性管理，我们对你在制定企业使命和愿景时唯一的要求是，鼓励你的团队成员开诚布公地参与协商，从而创建出鼓舞人心的使命和愿景，也就是能够令你的整个团队都为之感到兴奋的使命和愿景。

无论你所创建的企业使命和愿景在语句描述上是长是短，无论你的使命和愿景是否令组织以外的人感到无聊，你千万不要为此感到烦恼，因为这都不重要。重要的是，这些陈述必须对你的团队有意义，必须能够激励你自己公司的员工。创建这些陈述的高管们是否真正团结一致又充满活力，这才是最重要的。

3. 实际应用：创建你的使命和愿景陈述

现在，将本章的理念应用到你的公司，创建你公司的共同使命和愿景。作为行动的第一步，我们的建议是，邀请你公司管理团队的全体成员开个会，或许你们可以到外地共度周末，然后一起讨论这个话题，共同努力实现这一目标。团队成员的参与将确保最终成果的所有权，并将提高其质量。邀请一位团队之外但业务熟练的主持人将会很有帮助。

推动对话

团队成员全部到齐之后，主持人首先针对我们在本章第二节所讨论的一致性概念给商讨会拟出一个定位，然后向团队成员做出解释，告诉大家创建使命和愿景的常见做法是公司首席执行官精心打造的，然后再分享给大家。你们本来可以这样做，但是，对于实施全面一致来说，这不是一个好的开始。我们之所以邀请团队成员参加这次会议，就是为了博采众长，凭借**每一个人**的知识、经验和创造力，共同拟定这两项重要的宣言。有了大家的参与，最终制定出的宣言会有更高的质量。不仅如此，通过交换意见，还可以确保大家更好地理解公司的使命和愿景，并保证大家的知情权和所有权，这是企业规划中的两个重要因素。

为了最大范围地促进每个人参与讨论，我们介绍一下与这些会议有关的一些基本规则。你可以把它们统称为行为准则。主持人应激励参会人员积极思考，调动大家参与的积极性。为此，他可以先向大家提问，例如："我们需要什么指导方针，才能营造一个人人都乐于奉献的良好氛围？"以下是常见做法的推荐清单：

- ◆ 不拘泥于企业层级制度。
- ◆ 用心倾听，表示理解，但不回应。
- ◆ 不打断对方说话。
- ◆ 不主导谈话。
- ◆ 不使用贬低对方的或负面的肢体语言。
- ◆ 毫不犹豫地积极参与。
- ◆ 关闭电脑，关闭手机。
- ◆ 对观点和立场泰然处之。泰然处之意味着不重复或捍卫你自己的观点。一旦有人提出新想法，它就属于整个团体所有。如果你真的能够做到泰然处之，在接收到更多信息之后，你甚至会在最后关头回过来反驳自己原来的想法。超然使得整个团队能够向前迈进，不会因为受到束缚而停留在个人议题或旧的思维方式上。

因为参会者本身就是规则创建者，所以他们更愿意遵循这些行为准则。假如主持人能够细致耐心地倾听每一个人表达自己的想法，丝毫不在意他们在企业等级制度中所处的地位，丰富而有意义的谈话将得以顺利展开，而你的团队也能够精心制作出统一的使命和愿景。注意，作为领导者，你应该是第一个遵循行为准则的人。也就是说，不要用你的地位支配或控制谈话。

即使你的公司很小，这些行为准则也是非常有用的，因为它有助于确保思想的流动，并在此基础上达成共识，得出有意义的结论。

完善企业使命陈述

完善企业使命的第一步是提出一系列问题。一个好的建议是利用投影仪将问题答案显示在屏幕上，这样就能让每个人都看到。下面是一些非常重要的问题：

① 我们是做什么的？

② 我们在哪里做？我们为谁服务？

③ 我们为什么要做这些？我们的目的是什么？

④ 我们今天所做之事是否会阻碍我们在未来5年甚或更长时间内实现我们的目的？

⑤ 如果是，该如何扩展与我们今天所做之事有关的使命？

⑥ 什么样的陈述可以简短又鼓舞人心地描述我们的使命？

一旦大家就问题①和问题②达成一致意见，你就可以提出问题③。问题③可以促使你的团队思考公司能给社会带来什么样的利益。一定要聚焦这些社会利益，因为那就是你的目的所在。当你写下自己的使命时，"为什么"可以是隐性的，也可以是显性的。问题④是为了帮助你避免将使命仅限于当前所做的事情。要知道，未来的情况可能会发生改变，可能会出现新机会，从而使你能够以新产品或服务实现自己的目标。对问题④的反思将拓展使命的涵盖范围，从而更好地回答问题⑤。回答问题⑥，就是你的使命陈述。

完善企业愿景陈述

要想完善企业愿景陈述,首先要做的是确定企业愿景的时间期限。比如,3年、5年,还是10年?假如你选择的时间期限是10年,主持人便会提出以下问题,并要求参会者想象,10年后的公司会是什么样的情景。

① 我们怎样才算成功?
② 我们已经取得了什么成就?
③ 我们在市场竞争中处于什么位置?
④ 我们的使命怎样才算成功?
⑤ 技术进步为我们的使命提供了怎样的服务?
⑥ 我们如何展现自身独特性?
⑦ 我们如何坚持自身核心价值观?
⑧ 我们的股东如何评价我们的成功?
⑨ 如果有人要求我们描述公司的成功经历,我们该怎么写?

对这些问题做出回答之后,你就会有一系列想法。接下来要做的事情就是对这些想法进行一致性整合,从中提炼出愿景陈述。业务熟练的主持人会协助你的团队将这些想法组合起来,然后按重要性排序,继而归纳出一个描述企业愿景的简短陈述。一旦每个人都对愿景陈述满意了,你就可以将使命和愿景放到一起,然后请大家一起讨论两者如何相辅相成。使命是企业的目标,愿景则是企业成功实现目标之后的外在形象。图表2.1中的表格对于如何描述企业的使命和愿景提供了指导。

问题	企业使命陈述
①我们是做什么的?	
②我们在哪里做？我们为谁服务？	
③我们为什么要做这些？我们的目的是什么？	
④我们今天所做之事是否会阻碍我们在未来5年或更长时间内实现我们的目的？	
⑤如果是，该如何扩展与我们今天所做之事有关的使命？	
⑥什么样的陈述可以简短又鼓舞人心地描述我们的使命？	

问题	企业愿景陈述
①我们怎样才算成功？	
②我们已经取得了什么成就？	
③我们在市场竞争中处于什么位置？	
④我们的使命怎样才算成功？	
⑤技术进步为我们的使命提供了怎样的服务？	
⑥我们如何展现自身独特性？	
⑦我们如何坚持自身核心价值观？	
⑧我们的股东如何评价我们的成功？	
⑨如果有人要求我们描述公司的成功经历，我们该怎么写？	

图表2-1 使命和愿景的问题列表

如果团队规模很小，比如说只有两三个人，你们就可以组成一个小组，共同完成这样的讨论。如果团队规模比较大，为了取得更高质量的最终成果，最好的做法是将大的团队分为若干小组，大家先进行小组讨论，然后再回到大团队中征询每个人的意见。

现在归纳一下本章所描述的概念。首先，每个组织都需要三份重要的文件：

- 企业核心价值观，描绘组织中全体员工信奉的坚定信念。
- 企业使命陈述，描绘组织的目的。
- 企业愿景陈述，描绘公司未来的蓝图。

关于核心价值观的问题，将在第十章详细讲述。本章为你规划使命和愿景提供了一些指导原则。我们强烈建议你召集自己的管理团队，共同制定这些宣言，然后继续进行企业一致性整合流程中的其他环节。

下一章预告

下一章，你将学到的是，如何运用明确的指标评估自己的企业愿景，从而更简便地做出量化，以确定公司未来的走向。下一章开篇仍然是前面所出现案例分析的简短后续，用以展示与愿景评估相关的一些重要概念。

第三章
量化愿景，使目标更易达成

本章案例分析继续讲述 X 集团公司的故事：为了确立全面一致的基础，管理团队需要对自己的企业愿景进行量化分析。接下来，你学到的是如何推动对话、如何确定一些重要指标，用以评估企业愿景中所蕴含的公司目标。

1. 案例分析

第二天，X 集团公司高管继续就企业愿景这一议题展开讨论。会议一开始，技术通马克就邀请一名参会者大声朗读他们前一天制定好的使命和愿景宣言。他提醒大家说，使命和愿景将是公司实施全面一致的坚实基础。

他解释说，一致性规划的下一步是评估企业愿景。为了继续后面的工作，首先，我们必须明确企业愿景的确切含义。也就是说，愿景的每一个词语究竟表达了什么样的确切含义？显然，参会人员对这些词语的确切含义都有着各自不同的理解。于是，他们集中精力就愿景中每个关键词的清晰解释达成一致。经过一番激烈的讨论之后，最终得出以下结果：

◆ **具有全球影响力的首选通信公司**。我们公司将进入全球主要市场，不是进入世界上的每一个国家，而是进入那些我们能够在质量、服务或价格等方面成为民众首选对象的国家。

◆ **为客户提供卓越价值**。我们为客户提供的价值将远高于他们的期望值。这意味着我们既要在质量要求上超过客户预期，也要在服务标准上超过客户预期。

◆ **提高企业经营效益**。我们向客户传递价值主张的各个流程都运行良好，而且还在持续改进，用以降低企业经营成本，并为客户提供更高的价值。

◆ **引领行业新技术**。无论是在内部流程还是在为客户提供的产品和服务方面，我们都要在业内率先推出最新技术。

◆ **为员工提供优厚待遇**。为员工提供优厚待遇，让他们因在我们公司享受到优厚的待遇而不愿意跳槽到其他公司，即使那样的跳槽可能带来更高的金钱收入。

◆ **为股东提供满意的投资回报**。我们为公司创造财富，而我们的股东也能满意于从投资中所获得的回报。

◆ **为社区做贡献**。我们注意碳排放问题，不会因自己的生产而破坏环境；我们注意废物循环，并为社区福利做贡献。

围绕这些关键词所蕴含的意思达成一致理解之后，参会者们接着讨论用什么评估指标衡量以上每个词语在实现企业愿景时的进展情况。技术通给大家分享了一套评估指标应该达到的验收标准。在理解企业愿景中各相关要素的意义及其质量验收标准之后，参会者们最终提出了一个评估指标方案。

2. 一致性规划：量化愿景

正如前面的虚拟案例所提到的，在明确企业愿景之后，我们要做的下一步工作就是对企业愿景进行衡量评估。要衡量企业愿景，就必须更深层次地理解你在描述企业愿景时所使用的词语究竟是什么意思。这就是为什么你需要更深入地进行挖掘，以便所有人对各个关键词都能有相同的理解。因此，请务必征求大家的意见，并请大家就那些关键词的意思达成一致理解。

接下来，需要确定一套恰当的评估指标，用来监测企业愿景实施过程中的进展情况。举个例子，先来看看故事中的这项陈述："**为客户提供卓越价值**。"对此陈述该如何进行衡量呢？怎样才能知道企业在什么时候做到这一点？如果说企业完成了这一愿景预设，必须有确凿的证据而不是凭借主观的想象。那么，需要哪些信息才能证明企业实现了愿景中这句话所设定的目标？首先，"卓越"意味着某些事情做得比预期的更好。对此，该如何进行衡量？有两个可能的衡量指标，一个是针对质量，一个是针对服务。

到哪里找这些衡量指标呢？可以设计一项调查研究，请客户对你们提供的产品或服务进行评级，或者从公司的销售到送货这一内部流程中提取数据。第一种做法可以提供你自己想要的信息，但可能会对客户造成不便。第二种做法无须耽误客户的时间，但只能大概估计企业愿景中提供卓越价值这一想法的实际进展情况。如果想大致估算公司向客户提供了怎样的价值，可以采用类似"重复购买率"的指标，因为重复购买可能是源自客户感受到的价值。或者，也可以看看"退货率"的指标。通常来讲，较高的退货率意味着客户对产品不满意。我们将在第三节更多地谈论衡量指标的问题，看看如何量化 X 集团公司的企业愿景，如何衡量其为客户提供的价值，以及诸如此类的一些指标。

现在，再来看另一个例子。假设某比萨公司的企业愿景是"准时送达"，在设定考核指标之前就必须明确表述清楚，究竟什么是"准时送达"？如果换一种说法，"我们会在下单之后 15 分钟内将比萨送达"，表述就清楚了。现在，可以确定衡量指标来考核这个目标了。那么，如何确定事情按标准完成了呢？你可以查看送餐记录，计算有多少次送餐是在承诺时间之内完成的。对此陈述进行衡量的一个较好的工具是"15 分钟内送达的百分比"。如此一来，公司老板就能清楚地掌握公司送餐服务的运行情况。如果公司的卖点是"15 分钟内送达"，该衡量指标就应该成为受关注度最高的指标。

还有一个例子，可以清楚说明如何明确表述企业愿景中的某些部分，进而将之转换成可操作的衡量指标。如果企业愿景中有"我们将成为市场领导者"之类的话，你究竟想表达什么意思？是技术领先、道德领先还是客户服务领先？如果目标是想要抢占市场份额，就应该清楚界定自己的企业愿景，如"我们的主打产品在市场占据的份额将超过任何竞争对手"。然后，就可以确定一项衡量指标来对此进行考核，如"主打产品的市场占有率"。

指标验收标准

为了有效量化企业愿景的实现进程，你所设定的衡量指标必须尽可能达到质量最优化。这是什么意思呢？这就意味着衡量指标本身必须是可衡量、有数据支持、以事实为基础、可靠的，并能准确表达出企业目标。下面，看看这些评估指标应该具备的特征：

◆ **可衡量**。评估指标应该是可衡量的。如果一个评估指标含有以下用词，它就是可衡量的：数量、百分比、比率、平均数、总数或者增量（A和B两数之差）。比如，客户订单的数量、客户线上订单百分比、客户每日订单平均数、客户订单总数和客户订单提交数与成交数之间的差额等。

◆ **有数据支持**。评估指标必须能够得到相关数据的支持，这些数据可以来自公司已有的数据系统，也可以来自公司各项流程运行过程中生成的文件。如果当前没有现成的数据，则可以估计数据获取是否有可能或者是否具备成本效益。

◆ **以事实为基础**。基于事实而非个人意见基础的评估指标往往更有意义。尽管主观意见或许能提供有价值的信息，但有事实基础的评估指标往往更可取。例如，基于观点的评估指标可能是某电子商务网站上给某产品五星评价的客户百分比。这样的评估指标是以客户意见为基础的。客户意见是宝贵的信息，但却没有事实基础。与之相比，再次下单购买同样产品的重复购买客户百分比则是有事实基础的。记住，评估指标越是以事实为基础，所得衡量结果的质量就越高。

◆ **可靠**。确定评估指标时所衡量的数据来源决定着评估指标的可靠性。请问，从该数据源所得数据的准确性有多可靠？该数据源定期提供数据的可靠性如何？

◆ **准确表达出企业目标**。如果面前有多个评估指标可用于衡量企业愿景的各个组成要素，应该选择的是那些能够准确表达出企业目标的指标。不过，如果该评估指标所需要的数据不存在或者很难获取，就应该选择其他最接近企业目标的指标。

或许你们公司目前正在使用一些衡量指标，来跟踪员工的工作绩效。你们的评估指标与本章所界定的企业愿景评估指标有什么不同呢？其实都一样，没有什么不同，因为它们都是用来监测进程的评估指标。你们公司现有的各项评估指标都可以用来作为与企业愿景相联系的备用指标。不过，很多公司的现有评估指标往往太多，而且其中一些可能没什么关联性，但公司却还在年复一年继续使用这样的指标。因此，我们的建议是，将公司现有的评估指标列个清单，逐一分析，看它们是否恰当描述企业愿景中某个词语的真正目标。如果答案是肯定的，你可以将之用作企业愿景的评估指标；如果答案是否定的，你可能就不需要它们了。

总之，要让团队明确表述出公司的愿景，然后对愿景目标进行量化，要用衡量指标展现出企业最优质的管理，其中可以包括公司正在使用的某些衡量指标。一旦确定了公司战略，就应该遴选出未来12个月内需要重点关注的评估指标。接下来，将为你提供一个工具，帮助你完成这项工作。

3. 实际应用：绘制愿景树

现在，将本章所讲述的概念应用到你的公司。首先，如上一章所讨论，你应该积极促进磋商会的进展，同时用行为准则确保意见交流所需要的良好氛围。你的管理团队需要仔细检查确定好用来表述企业愿景的陈述话语，并明确哪些是关键词。然后，需要对企业愿景目标进行描述，就像本章开篇案例分析中的团队所做的那样。如果大家在会上争论激烈，并对某些词语的理解意见相左，千万不要大惊小怪。这些都是很自然的现象，也是很正常的事情。这样的意见交流是宝贵的，而且这样的磋商将促成最终的共识。

一旦明确界定企业愿景中每一个关键词的目标，就可以准备好向团队成员提问。例如，"什么信息会让我们知道我们的目标得到实现"，或者"怎样才能知道自己正在朝着企业愿景的方向前进"。对这些问题的回答将有助于你明确用什么样的评估指标监测企业愿景的实现进程。你

第三章　量化愿景，使目标更易达成

可以用一个或多个评估指标衡量企业愿景的每一个组成要素。不过，必须确保你的评估指标都达到上面所列出的验收标准。在此过程中，如果能就公司现有各项评估指标列出一份清单，那将是有帮助的。你可以从中选出一些并将其纳入企业愿景的衡量指标。

为了组织好团队成员的想法交流并促进一致进程，你会发现"企业愿景树"非常有用。这样的树形图很简单，只要画出一棵树，在树干上标出企业愿景的关键词，用树枝表示出相关目的的衡量指标。下面，以X集团公司为例，其企业愿景的关键词或关键性要素如下：

- ◆ 具有全球影响力的首选通信公司
- ◆ 为客户提供卓越价值
- ◆ 提高企业经营效益
- ◆ 引领行业新技术
- ◆ 为员工提供优厚待遇
- ◆ 为股东提供满意的投资回报
- ◆ 为社区服务做贡献

从图表3-1的左边，可以看到上面这些与企业使命和企业愿景相关的组成要素。这些要素构成了整棵企业愿景树的主要枝干。

现在，看看构成企业愿景的每一个要素，对照管理团队对各部分目标的明确描述，确定能否用一个衡量指标进行衡量，或者是否需要多个衡量指标。你甚至有可能需要对某些衡量指标进行细化。下面，以X集团公司为例，看看参会者如何确定各项衡量指标，用来衡量企业愿景中的各项目标。

```
具有全球影响力的首选通信公司
为客户提供卓越价值
提高企业经营效益                    X 集团公司使命
引领行业新技术      愿景树      我们的使命是实现即时、高质
为员工提供优越待遇                量、实惠的全球沟通
为股东提供满意的投资回报
为社区服务做贡献              X 集团公司未来 5 年愿景
                          我们的愿景是成为具有全球影
                          响力的首选通信公司。我们将   战略树
                          在竞争中脱颖而出：为客户提
                          供独特的品质和服务，提高集
                          团所有企业的经营效益，引领
                          行业技术，为员工提供优质、
                          公平的待遇，为客户提供卓越
                          价值，为股东提供满意的投资
                          回报，为社区服务做贡献
```

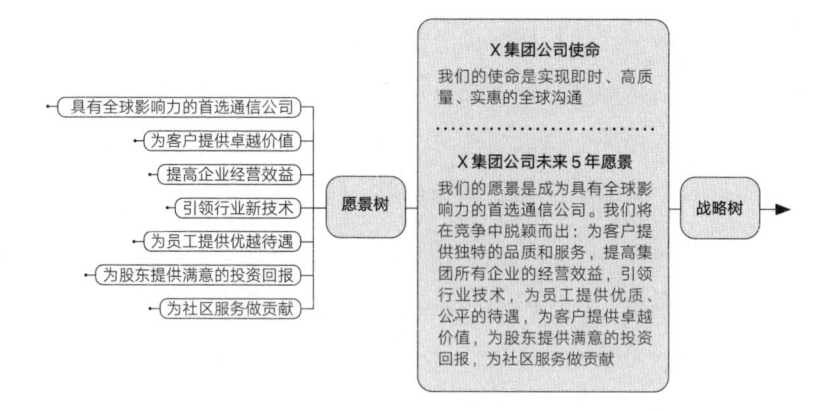

图表 3-1　企业愿景树的主要枝干

具有全球影响力的首选通信公司

这意味着公司将进入全球主要国家的市场，并通过质量、服务或价格吸引客户。针对企业愿景的这一要素，他们选取以下评估指标：

◆ 民众心中排名第一的企业市场占有率，用来衡量公司形象对客户的吸引力。

◆ 核心产品和战略性产品的市场占有率，用来衡量公司产品在打败竞争对手、成功吸引客户方面的具体情况。

◆ 集团业务覆盖的国家数量和业务排名第一的国家数量，用来衡量公司业务进军全球市场的进展情况。

◆ 全球销售总额和销售增长额，用来衡量公司进军全球过程中销售规模的增长情况。

为客户提供卓越价值

为客户提供的价值与客户为购买商品或服务所支付的价格有关，也与服务的质量有关。对于企业愿景中的这一要素，他们确定以下评估指标：

◆ 重复购买增长率，用来衡量客户对公司产品或服务价值的认可度，如果客户肯定公司产品或服务的价值，他们就会更多购买公司的产品或服务；同时，该百分比的增长意味着客户满意度的提升。

◆ 客户保持率，这是一项类似重复购买增长率的评估指标，较高的客户保持率意味着公司拥有较好的客户基础。

◆ 客户质量满意度指数，用来衡量客户对公司产品质量的满意程度，可以采用问卷调查的形式收集数据。

◆ 客户服务满意度指数，用来衡量客户对公司服务的满意度情况，可以采用上面同一份调查问卷进行。

提高企业经营效益

X集团公司各子公司通过不同的业务向客户传递公司的价值主张。如果衡量企业愿景中的该项要素，集团公司所有子公司都必须将自己流程的有效性与标杆基准进行对比。因此，他们参照标杆基准，采用以下衡量指标：

◆ 销售与标杆对照的百分比。
◆ 生产与标杆对照的百分比。
◆ 分销与标杆对照的百分比。
◆ 售后与标杆对照的百分比。

引领行业新技术

X集团公司的目标是在内部流程、产品和服务方面率先推出最新科技。为了衡量该项目标，他们采用以下衡量指标：

◆ 拥有技术性突破的新产品数量，用以衡量他们运用技术成功推出新产品的情况。

◆ 从产品设计到走向市场所花的时间,用以衡量他们向客户快速推出新产品的情况。这一点对于率先促进客户使用新技术尤为关键。

◆ 创新科技的销售百分比,用以衡量技术影响销售增长的情况。

为员工提供优厚待遇

为员工提供优厚待遇是留住员工的重要保障。为了衡量该项目标,他们采用以下衡量指标:

◆ 集团内部符合某空缺职位的合格申请人数量,这是因为合格的申请人越多就意味着愿意为公司效力的人越多。

◆ 员工流失率的下降比例,以此衡量公司员工跳槽离开的情况变化。

◆ 公司氛围调查指标,以此监测员工对公司的满意度。

为股东提供满意的投资回报

客户的满意能够自然而然地带来股东的满意。对此,他们采用以下衡量指标:

◆ 经济附加值(EVA),即从税后利润中扣除资本成本或资本费用后的余额。这是衡量公司价值增长量的重要指标。

◆ 市场增加值(MVA),用以衡量公司的有效市场值,具体做法是比较公司市值与投资者(包括债券持有人和股票持有人)投入资金之间的差额。

◆ 每股收益(EPS),用来衡量分摊到每股普通流通股上的公司利润。

◆ 息税折旧摊销前利润（EBITDA），用来表示公司的收益。

为社区服务做贡献

为了衡量 X 集团公司对社区福利的关心程度，他们确立以下衡量指标：

◆ 集团的企业社会责任得分（CSR），用以衡量那些有助于增进社会利益但超越公司利益的行为，以及一些法律规定的行为。这是许多承担社会责任的公司普遍采用的一项指标。

◆ 对公益事业所做贡献占销售额百分比，用以衡量公司为社会做贡献的情况。

◆ 回收废弃物占废弃物总量的百分比，用以监测公司回收废料再利用的实际情况。

图表 3-2 是 X 集团公司的愿景树，其中包含了以上所有衡量指标。他们在集团旗下的一些企业中跟踪了部分衡量指标的使用情况，并打算在集团所有业务单元内展开这些项目的衡量工作。你所绘制的企业愿景树也应该与之类似。

企业愿景树的附加值是，可以从中清楚看到你的使命和愿景如何与具体的衡量方法紧密联系在一起。

接下来你要做的事情就是，给自己公司绘制一张类似于图表 3-2 的树形图。我们在网站（www.totalalignment.com/pi）上提供了衡量指标清单，如有需要可自行下载，从而为你的思考提供指导或启发。该清单还将有助于你建构自己公司的企业愿景树。

一致性管理：打造高效团队的策略和工具

X集团公司使命
我们的使命是实现即时、高质量、实惠的全球沟通

X集团公司未来5年愿景
X集团公司的愿景是成为全球影响力的首选通信公司。我们将在竞争中脱颖而出：为客户提供行业独特的高品质和服务，为员工提供优质、公平的待遇，为客户提供卓越价值，为股东提供满意的投资回报，为社区服务做贡献。

战略树

愿景树

- 具有全球影响力的首选通信公司
  - 首要考虑形象
    - 主导产品市场份额 — 八国集团国家市场份额
    - 战略产品市场份额 — 世界其他地区市场份额
  - 市场占有率
    - 主导产品市场份额
    - 战略产品市场份额
    - 集团覆盖的国家数量
    - 占该国销量首位的国家数量
  - X集团公司规模
    - 全球销量 — 集团销售
    - 销售总额 — 集团总额
    - 销售增长 — 销售增长

- 为客户提供卓越价值
  - 价值
    - 重复购买增长率
    - 客户保持指数
  - 质量
    - 卓越的客户服务
    - 卓越的客户质量
  - 客户质量满意度指数
  - 客户服务满意度指数
    - 符合基准的百分比
    - 符合基准的百分比
    - 符合基准的百分比
    - 符合基准的百分比

- 提高运营效率
  - 销售
  - 生产
  - 分销
  - 售后

- 引领行业新技术
  - 创新
    - 成功的突破性新产品数量
    - 从设计到上市的月数
    - 上市时间
  - 研发
    - 突破性技术带来的销售额的比例
    - 研发占销售额的比例

- 为员工提供待遇优厚
  - 集团内空缺职位合格申请人数量
  - 集团内员工流失率下降比例
  - 集团工作氛围调查指数

- 为股东提供满意的投资回报
  - 经济附加值（EVA）
  - 市场附加值（MVA）
  - 每股收益（EPS）
  - 税折旧摊销前利润

- 为社区服务做贡献
  - 集团企业社会责任（CSR）得分
  - 对公益事业贡献占总销售额百分比
  - 回收废弃物占总废弃物百分比

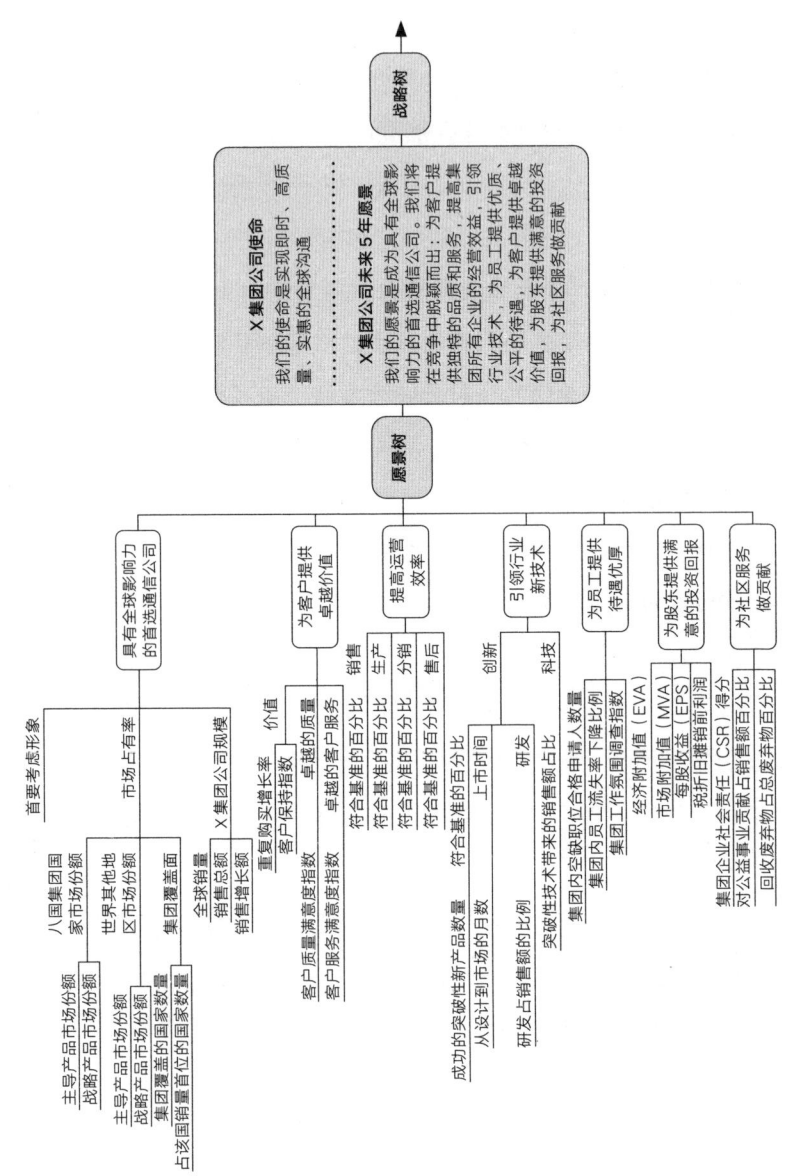

图表 3-2 企业愿景树

下一章预告

完成企业愿景树之后可以看到，整个管理层团结一致并清晰地陈述词语含义所蕴含的力量确实令人惊叹，而且看到这种做法在客户中所产生的积极结果。还将看到它会如何激发你的团队和组织所蕴含的创造性能量，从而实现企业愿景。实现企业愿景的强烈愿望将转化为创造性战略，这是下一章要探讨的主题。

第四章
战略一致，更好实现企业愿景

X集团公司高管们齐聚一堂，旨在商讨如何针对集团旗下各公司的企业战略进行整合，制定出全集团一致的企业战略，从而促进集团朝着实现共同愿景的目标迈进。在本章中，通过参考X集团公司的战略一致性规划，你将学习到如何通过战略一致传递自己的企业愿景。

1. 案例分析

一个月后，布莱恩召集X集团公司最高层管理团队去外地开会，共同讨论整个集团公司的企业战略问题。集团旗下4个子公司（X集团美国公司、IES公司、Cellular手机和泰科科技）的首席执行官和各职能部门的主管出席了会议。布莱恩留意到，他们提出了一个大胆的企业愿景，不过他现在最关心的是，他们将如何实现这个愿景。幸运的是，他们拥有一些非常强大的投资者，为团队提供坚实的财务支持，这令布莱恩信心倍增。他认为，只要有恰当的工作重心和企业战略，他们团队就有很大的希望在未来5年内实现企业愿景。布莱恩知道，他即将面对的一个挑战在于，集团旗下每个企业单位的负责人都有自己的目标，也有自己的想法，并且都专心于拓展自己的业务。解决该问题的关键在于充分利用每个业务单元的力量，创造协同效应，使他们能够共同努力，从而更好地实现大家共同的企业愿景。

在致欢迎辞之后，布莱恩解释说，这次外地会议的主要目的是讨论整个集团子公司战略的3个构成要素：

◆ **统一子公司战略**。虽然集团旗下每个子公司都拥有自我管理的权力，也可以各自确定公司战略，但其战略仍应与集团的战略保持一致。本次会议的目的之一便是从两个方面为子公司制定指导方针，即战略方向和协同授权。

○ 战略方向：企业战略方向是指企业制定战略方案和战略决策的指导方向，是产品和市场的综合选择。这是企业在涉及一定时期内或某些业务方面积极增长或选择性增长时应遵循的战略方向。由于这些增长期权需要来自集团的投资，其战略方向也应该由集团确定。这就取决于各子公司的相对实力和各自市场的吸引力。

○ 协同授权：这是联合集团内部各子公司的优势，形成协同效应，从而创造出比各企业单打独斗更大的价值。

◆ **支持战略**：企业支持战略可用来确定集团旗下所有子公司共有的流程中哪些可以在集团层面上更经济地运行。

◆ **收购战略**：如果你在子公司制定了一个大胆的愿景，子公司的自然增长可能不足以让你达成目标。若想实现企业愿景的某些部分，有时候需要收购一些公司，被收购的公司必须符合集团内部需求并能增加价值。

利用企业已有数据和信息，X集团公司管理团队提出了企业战略的初步草案。

2. 一致性规划：达成战略一致

在我们刚刚读到的案例中，X集团公司正在探索恰当的集团战略，用以实现其集团愿景。集团旗下每个子公司所推行的战略都为集团的成功做出了贡献。但随后，他们的企业愿景变得更宏大了，而且市场风云变幻，因此他们需要重新审视自己的企业战略。你的公司可能也处于类似的状态：目前来看是非常成功的，但仍然需要有创造性企业战略以继续前进，从而取得更大的成功。虽然你接下来会学到一些有用的理念，并从中获得帮助，不过，我们提供给你的并不是制定企业战略的标准公式。你了解自己所在的市场，而市场战略专家可以在你制定卓越企业战略的道路上提供帮助。

我们在此提供的主要是一种战略规划的方式，而不是战略构建的方式。在本章中，X集团公司规划了旗下各子公司当前的和未来的战略。他们确定需要仔细审查的3个关键领域：整合子公司战略、支持旗下其他子公司和收购新公司。

各子公司战略一致

为了使旗下各子公司达成战略一致，X集团公司考察了两种方法：战略一致和协同授权。下面先深入了解这些术语的含义，然后再讨论它们在现实世界如何发挥作用。

战略方向

企业战略方向指的是每个子公司为了与集团保持一致时都需要遵循的方向。在案例分析中，X集团公司采用的分析方法是改良版麦肯锡矩阵——这是一种非常卓越的分析方法，多年来一直被众多公司使用。策划部准备的数据为这一分析提供了支持。在麦肯锡矩阵中，每个企业在二维网格上的位置就是分析的结果，纵轴表示企业相对最强竞争对手所具备的竞争实力，横轴表示企业的市场吸引力。图表4-1显示前面案例分析中提到的4家企业在矩阵中所处的位置。

如图表4-1所示，X集团美国公司拥有最强劲的市场吸引力，因而比它的竞争对手要强大得多。竞争力排名第二的是IES公司，因为它在实力和市场吸引力上相对自己的竞争对手较具优势，但相较X集团美国公司而言，它在市场吸引力方面略逊一筹。身处极强吸引力市场的泰科科技和中等吸引力市场的Cellular手机的实力，均与其竞争对手旗鼓相当。理所当然，处于激烈竞争地位并具有高度市场吸引力的企业将在积极增长方面获得集团一路绿灯的支持，处于较低竞争地位而且所具备的市场吸引力较弱的企业则不得不更谨慎地前进。矩阵中圆圈的大小表示各自公司在销售方面的相对规模。

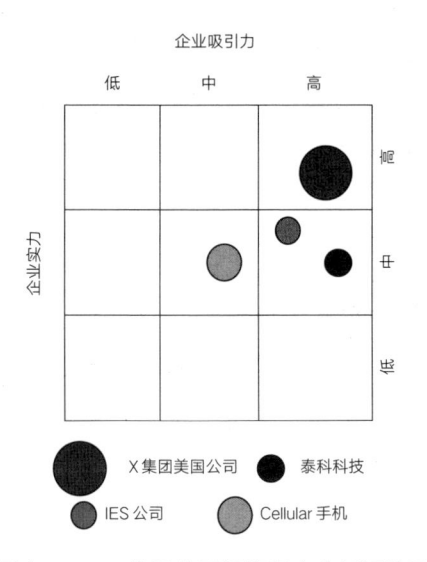

图表4-1　X集团公司投资组合分析矩阵图

通过以上分析，再加上每位参会者自身所具有的市场知识，整个管理团队最终确定了如何分配集团的财务支持，确定哪家子公司将进行积极发展，哪家子公司将在某些方面有选择地发展，哪家子公司暂时不扩大发展。他们做出这一决定既是根据各子公司的销售情况和盈利能力，也在于分析了各子公司在矩阵中的位置。根据此分析，X集团公司最终确定了其内部4家子公司的"企业战略方向"。具体情况如下：

X集团公司战略方向

◆ X集团美国公司将扩大投资，以促进积极增长，并寻求市场主导地位。

◆ IES公司将大力投资于扩大市场份额（待定）。

◆ Cellular手机将投资于特定市场增长（待定）。

◆ 泰科科技将投资全球范围内的积极增长，并在特定市场中寻求领导地位（待定）。

有了以上指导原则，各子公司首席执行官就可以在会议之后与各自的管理团队讨论并制定其核心战略。当集团公司拥有多个子公司时，上面这种演练就非常有价值，因为各子公司的实力组合可以通过它们在网格中相对位置直观地体现出来，由此一来，集团也更容易确定在哪些子公司可以追加投资以促进增长，而在哪些子公司应该减少投入。

对于只有一个业务单位的公司来说，这样的演练行为也能增加企业价值，因为它能让你看到自己在网格上的位置，从而决定企业的发展方向。很显然，如果你所在公司市场吸引力较低，并不具备竞争优势，你对于追加投资促进增长就应该持谨慎态度。

协同授权

在本案例中，由于在每家子公司都投入巨资，X集团公司期待能通过协同效应获益，所以它需要整合各子公司的优势。协同授权能够让各子公司形成互补局面，从而服务客户需求，降低企业成本，增加企业分化程度或提高企业竞争优势。如果没有协同授权，单个子公司或许无法靠自身力量做到协同合作。协同授权通常包括两个或两个以上的子公司，联合它们的力量，利用其各方面能力，分享价值链上的各项活动。X集团公司的协同授权情形如下：

协同授权

◆ IES公司、泰科科技和Cellular手机将利用集团内部的专利技术和集团将要收购的其他技术共同研发新一代通信设备的样机。这3家子公司还将提交研发方案和分销方案。

◆ X集团美国公司将提供其广泛的全球分销渠道，以确保泰科科技在全球范围内的积极扩张；并将共享资源以降低成本和快速完成服务交付。

这样的协同授权，加上我们在前面所描述的企业战略方向，一起概括了X集团对各子公司的要求。但是，集团自身的作用是什么呢？是否只为旗下各子公司提供企业战略方向和协同授权呢？答案是否定的，因为集团可以做到的事情远比这多得多。

支持战略

参加这次外地会议的管理团队应该仔细审查所有子公司共有流程，然后在集团层面上加以运行，因为共有流程在集团层面上运行可以更经济。例如人才管理流程，它包括人才的选拔、安置、衡量、晋升、奖励和培养。再如信息技术及其在企业管理和后台办公功能自动化方面的综合应用流程。对此，每个子公司都可以自行研发，或者由集团研发后提供给每个人，具体如何操作则取决于哪个方案更具成本效益。对于规模较小的企业而言，这些支持功能涵盖不同职能部门各自的业务范围。

有些流程已经在一些子公司确立了，唯一需要做的就是加以改进。其他流程要么还没有确立，要么不适合用来传递企业愿景。如果想要制定集团公司企业支持战略，请仔细查看企业愿景树中每一个组成要素，然后问问自己，公司现有的各项流程对这些组成要素而言是否合适。如果答案是肯定的，从集团层面来说就不需要做任何改变。如果答案是否定的，而且这是所有子公司都能够从中获益的共有流程，集团就有必要针对愿景要素构建新的流程。

接下来，再次以虚拟案例中的管理团队为例。参会人员仔细审核了企业愿景树所有组成要素后，发现他们所寻求的企业共有流程中大多数已存在于各子公司。于是，他们就其中两个要素展开了激烈讨论：一是为员工提供优厚待遇，二是创新。下面，来看看X集团公司对两个要素所制定的企业支持战略。

X集团公司企业支持战略

以下两个要素需要新的流程：

- ◆ 为员工提供优厚待遇。
- ◆ 创新。

第一个要素，即"为员工提供优厚待遇"，向集团提出了挑战，尤其是对泰科科技而言。在泰科科技，那些内部培养的高科技人才突然决定要跳槽离开。于是，针对这方面的战略方案随之改变：

- ◆ 制定并实施一项计划，将最佳的人力资源实践调派到集团所有子公司，用以吸引和留住人才。
- ◆ 规划并实施相关流程，用以在所有子公司传播集团的卓越价值观。

第二个要素是"创新",这是集团所有子公司都非常感兴趣的话题。毫无疑问,该要素对每个人来说都非常重要。经过进一步商讨,他们认为,许多创新理念会在响应客户需求的领域中自然而然涌现出来。举个例子,如果公司现有的产品或服务不能满足某个客户的需求,公司于是专门开发出一项特别的或新的功能满足该客户的需求,而这项新功能正好也能满足数百甚至数千客户的需求,这项新功能便是我们所渴望的创新。由此一来,他们在该领域的战略方案得以达成:建立一个办公室,并为之提供资金,为企业开发新产品或服务市场提供资金支持。

企业收购战略

如果你制定了宏大的企业愿景,单纯依靠企业自然增长可能不足以让你达成目标。假如你能够获得资金,通过收购企业促进增长可能是一个良好的企业策略。确定企业收购必要性,继而进行企业收购,必须具备以下举措:

- ◆ 制定确定规模的标准。
- ◆ 分析现有的自然增长潜力。
- ◆ 制订计划,加强协同,提高销售额。
- ◆ 制定收购标准和方案。
- ◆ 执行现有的收购方案。

虽然集团各子公司都可以自行制定适合自身发展的企业收购战略,并获得集团的同意,但是集团自身必须推行自己的企业收购战略,去收购那些与集团的使命和愿景相一致的新企业。

3. 实际应用：绘制企业战略树

如果你的公司拥有多个企业单位，就是所谓的集团公司。因此，我们在此讲述的大部分内容都适合你的公司。概括地说，你在屏幕上展示出企业的使命和愿景以及每个子公司在网格上的位置，以供整个团队成员查看。然后，你们一起决定集团的下一步方向，明确哪些子公司应加大投资以促进积极增长，哪些子公司应在某些领域中选择性发展，哪些子公司应该限期整改，哪些子公司需要清理甚至减少投资。由此一来，你便为各子公司明确了战略方向，各子公司也可以根据这一方向制定与之一致的企业发展战略。此外，你还需要要求各子公司相互配合，共同合作，一起为集团公司创造更大的价值。值得指出的是，集团现有企业通过自然增长所取得的绩效与企业愿景宣言中所要求的目标之间会存在一定差距，而这一差距就得靠你通过战略性收购新企业加以弥补。

如果你的企业或者小型创业公司只从事一项业务，你就得向管理团队展示企业使命和企业愿景，并通过计算企业愿景树中衡量指标的状态来确定公司在市场所处的位置。然后，你需要在一张网格图上标出公司的位置，用纵轴表示企业实力，用横轴表示企业市场吸引力。根据公司的市场定位，适合公司发展的战略方向就会浮现出来。如果公司的竞争实力和市场吸引力都较弱，加大投资促进现有业务的增长就不是明智之举。不仅如此，你可能还需要重新审视企业的经营理念，修改企业愿景或使之更低调。如果公司有很强的竞争实力和市场吸引力，积极增长就是很好的选择。请仔细审视你的企业愿景，如果企业愿景的确是极其宏大的，而且公司拥有极强的市场吸引力，在未来某个时候，你可能需要好好考虑一下收购新企业的问题了。

为了帮助整理有关整合战略的思路，我们在此介绍企业战略树的结构图，以此作为整合工具。就像企业愿景树一样，企业战略树是用来展示本章所涉及的相关概念，并为支持战略规划提供框架。图表4-2是

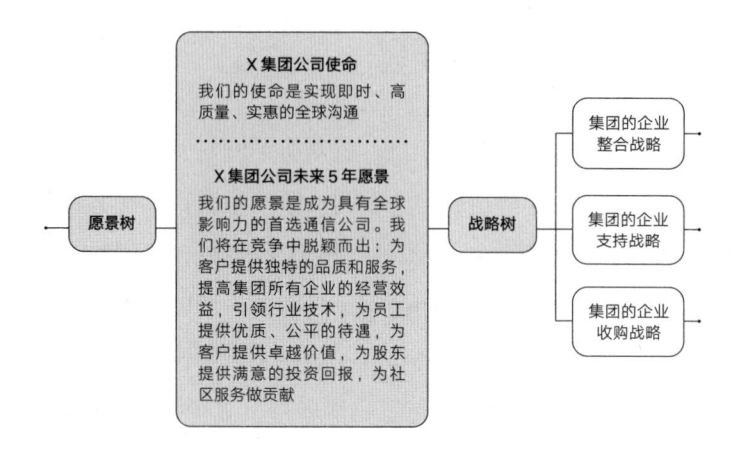

图表 4-2　X 集团公司企业战略树：一级分支

X 集团公司企业战略树。如上所述，该企业战略树的 3 个一级分支是企业整合战略、企业支持战略和企业收购战略。

企业整合战略

这张战略树中会有二级分支和三级分支，其末端往往是公司管理团队或其他团队可以直接执行的明确行动，或他们可以实施的战略方案。当你将战略规划的相关概念标注到企业战略树上后，随后要做的是推行一系列重要的战略性行动，并实施一系列重要的战略方案。

现在，我们在 X 集团公司企业战略树的一级分支企业整合战略上标出两个二级分支，分别是企业投资组合战略方向和企业协同授权，如图表 4-3 所示。

举例来说，X 集团美国公司的战略方向是，"扩大投资，以促进积极增长，并寻求市场主导地位"。它是如何运作的？它到哪里寻找自己的企业战略？图表 4-4 右边大部分二级分支都标示"子公司企业战略待定"。如此一来，我们可以设想，X 集团美国公司首席执行官回去之后，肯定会召集高管团队和行业专家，一起商讨制定那些相关的企业战

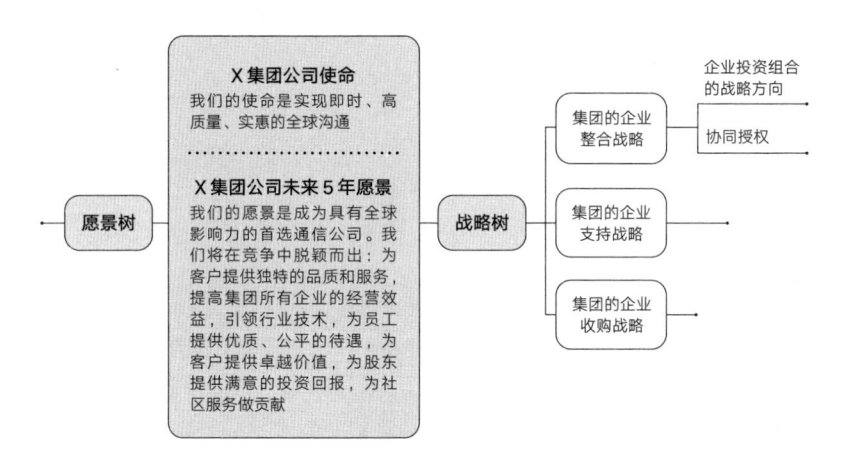

第四章 战略一致，更好实现企业愿景

```
愿景树
├── X集团公司使命
│   我们的使命是实现即时、高质量、实惠的全球沟通
├── X集团公司未来5年愿景
│   我们的愿景是成为具有全球影响力的首选通信公司。我们将在竞争中脱颖而出：为客户提供独特的品质和服务，提高集团所有企业的经营效益，引领行业技术，为员工提供优质、公平的待遇，为客户提供卓越价值，为股东提供满意的投资回报，为社区服务做贡献
└── 战略树
    ├── 集团的企业整合战略 ── 企业投资组合的战略方向
    ├── 集团的企业支持战略 ── 协同授权
    └── 集团的企业收购战略
```

图表 4-3　X集团公司企业战略树：二级分支

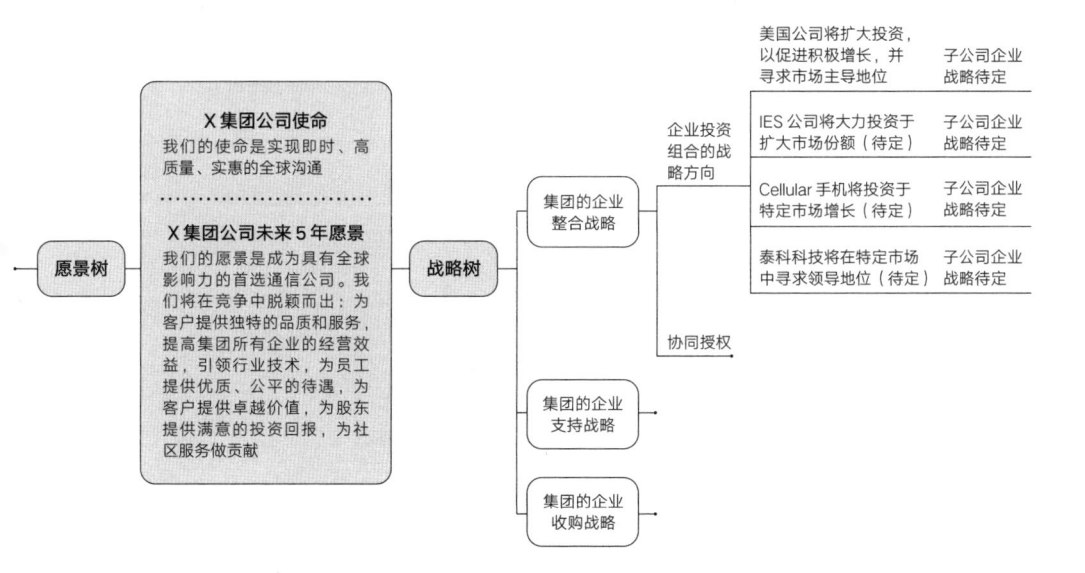

```
战略树
├── 集团的企业整合战略
│   ├── 企业投资组合的战略方向
│   │   ├── 美国公司将扩大投资，以促进积极增长，并寻求市场主导地位 → 子公司企业战略待定
│   │   ├── IES公司将大力投资于扩大市场份额（待定） → 子公司企业战略待定
│   │   ├── Cellular手机将投资于特定市场增长（待定） → 子公司企业战略待定
│   │   └── 泰科科技将在特定市场中寻求领导地位（待定） → 子公司企业战略待定
│   └── 协同授权
├── 集团的企业支持战略
└── 集团的企业收购战略
```

图表 4-4　X集团公司企业战略树：三级分支

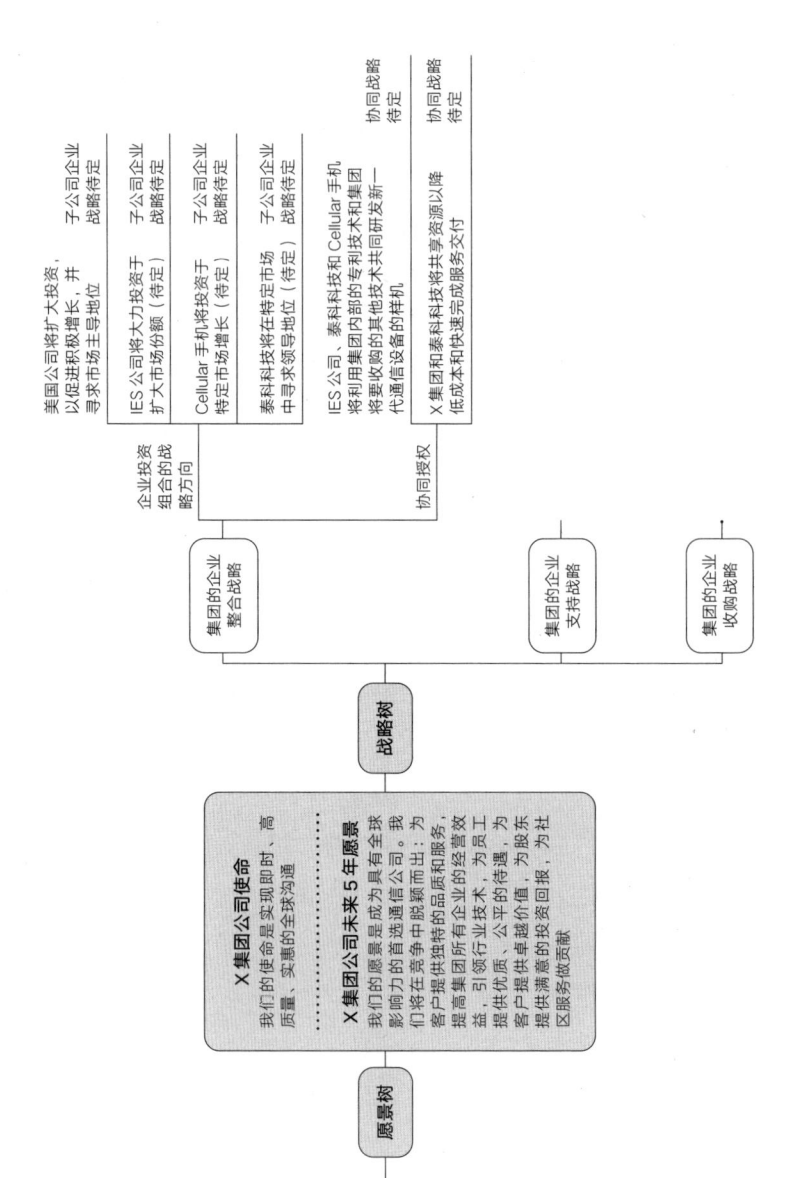

图表 4-5　X集团公司战略树：企业整合战略所有分支

略。当然，在此过程中，为了认清现实状况，他们肯定会运用著名的分析方法，如目前流行的SWOT分析方法，即态势分析法，其中S代表优势、W代表劣势、O代表机遇、T代表威胁。通常来讲，这一分析法要求他们列出自身企业相对竞争对手而言所具有的优势或劣势，以及企业所面临的机遇和威胁。有了这些信息，他们制定出的企业战略就能够利用优点，克服弱点，还能制定有用的举措探索有吸引力的机遇。除此之外，他们还能对市场趋势和竞争力做出深入预测，并考虑最近流行的概念，例如平台等。基于这样的分析和可靠的数据，他们就能够制定出恰当的企业战略，这样的战略一定符合集团公司授权的战略方向。如果在企业战略树上添加企业协同授权，便完成了集团公司的企业整合战略，如图表4-5所示。对于团队所制定的企业战略而言，其质量优劣直接关系着集团未来几年的成功与否，甚至是生死存亡。

企业支持战略

在一级分支"企业整合战略"上添加二级分支的工作有待各子公司自行完成。尽管如此，一级分支"企业支持战略"的相关理念仍然要靠集团公司本身来研制，确定之后可以添加到企业愿景树上。以图表4-6为例，可以看看X集团公司是如何完成以上工作的。

企业收购战略

如果在图中加入与收购新企业相关的战略方案，便能得到完整的公司企业战略树，具体内容与图表4-7类似。

战略行动和战略方案

绘制企业战略树能够明确企业未来的战略行动和战略方案。战略行动是在未来某一期限内必须高质量完成的单一行动。战略方案是在未来某一期限内必须完成的战略性项目，包括项目方案、关键节点和多项

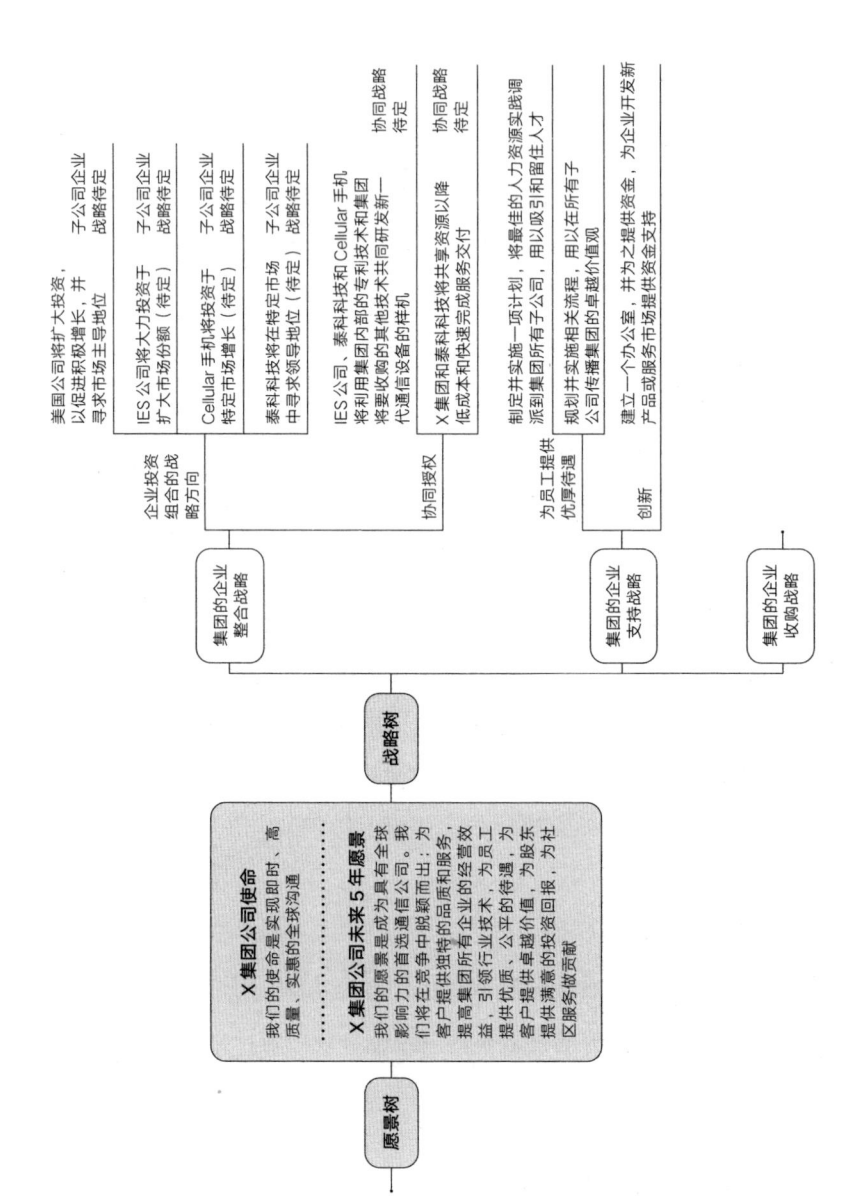

图表 4-6　X 集团公司企业战略树：企业支持战略

愿景树

X 集团公司使命
我们的使命是实现即时、高质量、实惠的全球沟通

X 集团公司未来 5 年愿景
我们的愿景是成为具有全球影响力的首选通信公司。我将在竞争中脱颖而出；为客户提供独特的品质和服务，提高集团所有企业的经营效益，引领行业优质技术，公平的待遇，为员工提供优质、公平的待遇，为股东提供卓越价值，为投资回报，为社区服务做贡献

战略树

集团的企业整合战略

- 企业投资组合的战略方向
  - 美国公司将扩大投资，以促进积极增长，并寻求市场主导地位
  - IES 公司将大力投资于扩大市场份额（待定）
  - Cellular 手机将投资于特定市场增长（待定）
  - 泰科科技将在特定市场中寻求领导地位（待定）

- 协同授权
  - 协同战略待定
  - IES 公司、泰科科技和 Cellular 手机利用集团内部的专利技术和集团将要收购的其他技术共同研发新一代通信设备的样机
  - X 集团和泰科科技将共享资源以降低成本和快速完成服务交付
  - 协同战略待定

集团的企业支持战略

- 为员工提供优厚待遇
  - 制定并实施一项计划，派到集团所有子公司，用最佳的人力资源实践调用以吸引和留住人才
  - 规划并实施相关流程，用以在所有子公司传播集团服务市场的卓越价值观

- 创新
  - 建立一个办公室，并为之提供资金，为企业开发新产品或服务提供资金支持

集团的企业收购战略

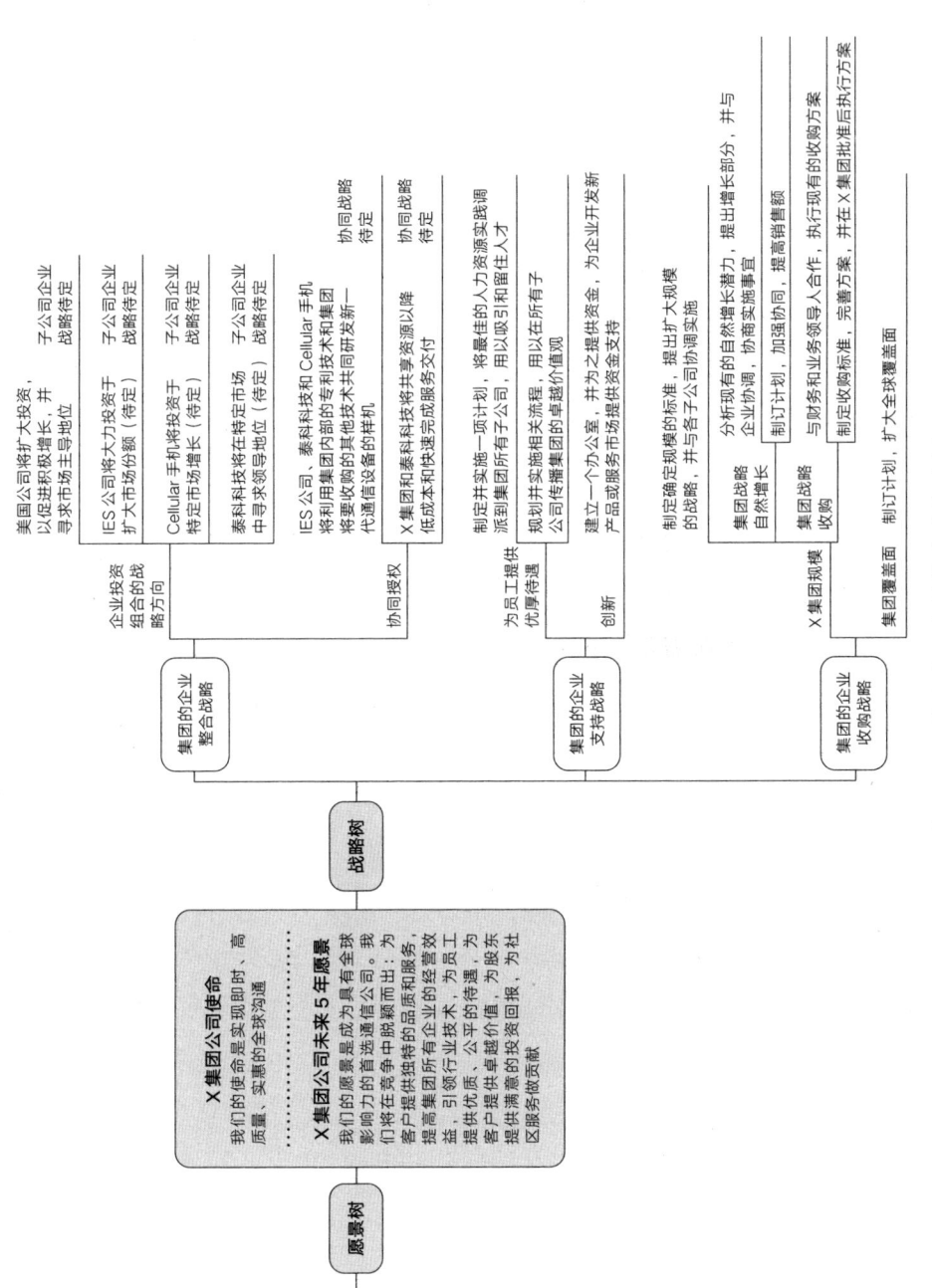

第四章 战略一致，更好实现企业愿景

愿景树

X集团公司使命
我们的使命是实现即时、高质量、实惠的全球沟通

X集团公司未来5年愿景
我们的愿景是成为全球影响力在竞争中脱颖而出、具有独特的品牌和服务的首选通信公司：为客户提供独特的品牌和服务，为员工提高集团所有企业的经营效益，引领行业技术，为员工提供优厚、公平的待遇，为股东提供满意的投资回报，为社区服务做贡献

战略树

集团的企业整合战略
- 企业投资组合的战略方向
  - 美国公司将扩大投资，以促进积极增长，并寻求市场主导地位
  - IES公司将大力投资于扩大市场份额（待定）子公司企业战略待定
  - Cellular手机特定市场增长（待定）子公司企业战略待定
  - 泰科科技将投资于特定市场中寻求领导地位（待定）子公司企业战略待定
- 协同授权
  - IES公司、泰科科技和Cellular手机将利用集团内部的专利技术和集团将要收购的其他技术共同研发新一代通信设备的技术 协同战略待定
  - X集团和泰科科技将共享资源以降低成本和快速完成服务交付 协同战略待定

集团的企业支持战略
- 为员工提供优厚待遇
  - 制定并实施一项计划，将最佳的人力资源实践派到集团所有子公司，用以在所有公司传播集团的卓越价值观
- 创新
  - 规划并实施相关流程，用以在所有子公司或服务市场提供支持
  - 建立一个办公室，并为之提供资金，为企业开发新产品或服务的战略，并与客户子公司协调实施

X集团的企业收购战略
- 集团战略自然增长
  - 分析现有的自然增长潜力，提出增长部分，并与企业协调，协商实施事宜
  - 制订计划，加强协调，提高销售额
- 集团战略收购
  - 与财务和业务领导人合作，执行现有的收购方案
  - 制定收购标准，完善方案，并在X集团批准后执行方案
- 集团覆盖面
  - 制订计划，扩大全球覆盖面

图表4-7 X集团公司完整的企业战略树

行动。举例来说，战略行动可以是"6月1日前获得施工许可证"或者"9月1日前列出潜在候选人名单"。两个例子都是必须在截止日期前完成的单一行动。战略方案的例子或许是这样的："新建一家工厂，从而将我们的生产力提高50%。"这就是一项包含多项行动的方案，它需要先提出项目计划，然后经过一系列重要行动，最后完成可交付的产品。你应该确保的是，战略行动和战略方案必须表述清晰，每一项行动或方案都要求一件有形的可交付物。

下一章预告

本章介绍了如何绘制企业愿景树和企业战略树的相关概念。现在可以将两者结合。在下一章，你将看到，如何将两张树形图结合起来，共同构成公司全面一致所需要的重要框架。

第五章
一致性地图，走向成功的路线图

X集团公司高管们现在开始从战略上思考集团一致性的下一步：如何绘制一致性地图。接下来，你将学到的是如何将企业愿景图与企业战略图相结合，从而绘制出一致性地图。记住，一致性地图是你走向成功的路线图。

1. 案例分析

第二天早上，X集团公司高管们齐聚一堂，看到屏幕上显示的一致性地图，从中辨认出左边的是企业愿景树，右边的是企业战略树。一致性地图清楚地显示X集团公司如何才能实现其企业愿景。技术通马克解释说，地图是公司实施全面一致的关键，也是每一项行动计划的参考框架。鉴于一致性地图对公司未来至关重要，公司高层必须保证它是高质量的。

他们共同分析了一致性地图的方方面面（见图表5-1），讨论了右

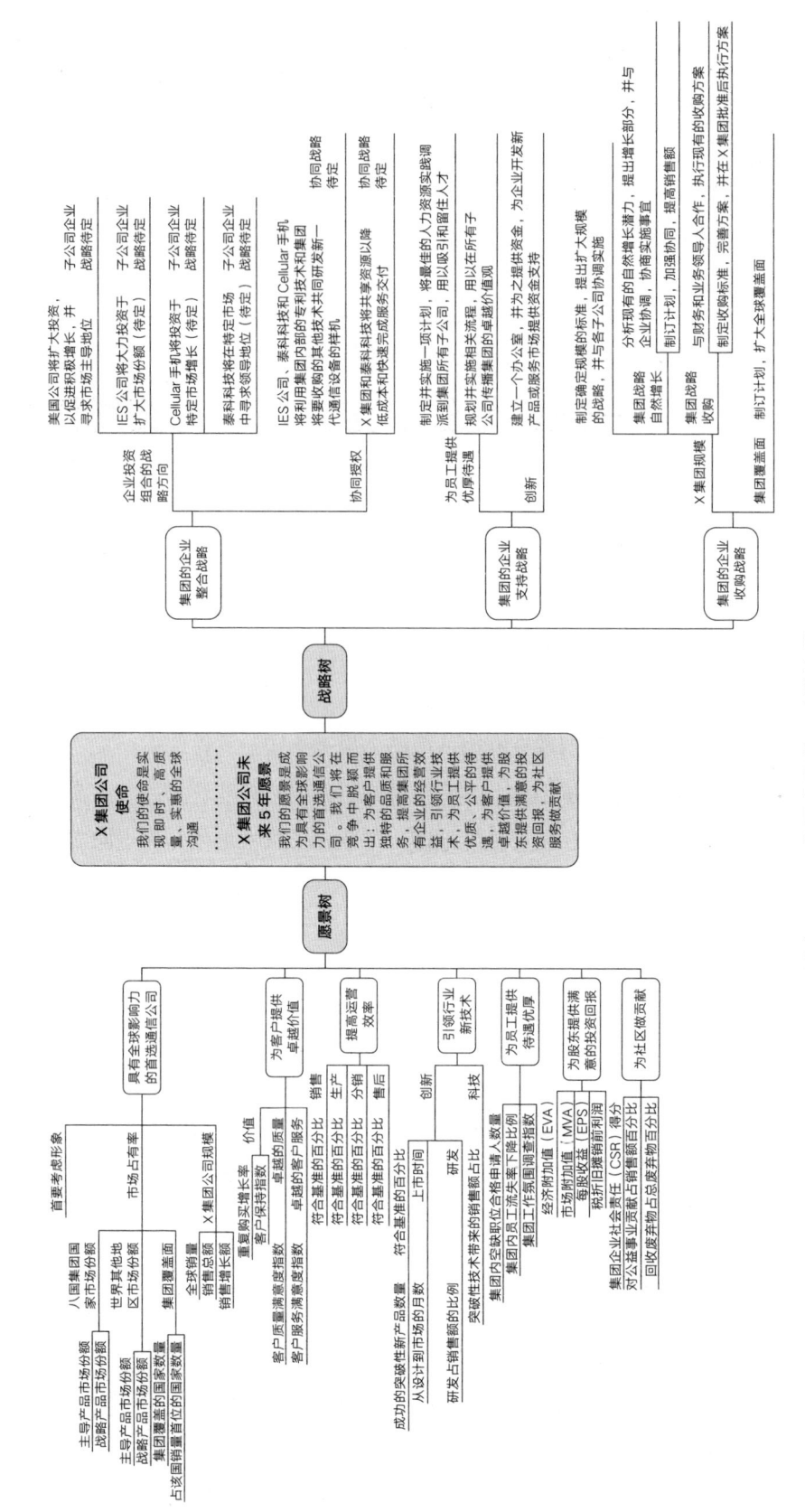

图表 5-1 X集团公司的一致性地图

边不同层级的战略在实施一段时间后，给左边对应的愿景衡量指标带来什么样的影响，从而带领公司朝着企业愿景迈进。整个上午接下来的时间里，参会人员一直在讨论如何提高一致性地图的质量。

2. 一致性规划：量化项目指标

对于组织而言，实施全面一致的基本要求就是有明确的指导框架图，这也是一致性地图的作用。我们将一致性地图当成整个一致性规划流程的指导方针，其目的就是让所有人都专注成功所必须具备的关键因素。

现在，看看一致性地图左右两边的各项指标。两边都包含衡量指标，左边的愿景指标，在第三章讨论过；右边一系列战略计划和行动计划，在第四章讲述过。在本章，将对上述指标进行衡量，并说明具体的衡量方法。

量化右边

一个**方案**就是一个项目。在企业一致性管理中，我们用"方案"形容战略项目时，说明它至关重要，而不是公司日常处理的一般项目。衡量项目成功与否，关键看项目的结果。项目结果是以事实为基础的。不幸的是，只有项目真正完成之后，才能看到它的结果。那么，对于未完成之前的项目而言，该如何进行评估呢？有效的做法是，以一套标准衡量项目整个进程。虽然这种衡量方法部分地基于主观意见，但仍然是有价值的。如果项目执行不力，这种评估方法就能提供前期预警，并使人为介入和路线调整成为可能。

我们先来明确项目或者方案如何才能获得成功。如果项目在实施前、实施中和实施后都具备成功的要素，它就是成功的。以下是要取得成功的项目在实施之前应当具备的特征：

→有良好的项目计划，具备恰当的关键节点和可交付物。
→有明确的项目实施目标。
→有客户参与，协助确定质量规格和交付日期。
→有专项资金，确保项目能够支付所需物资。
→有恰当的资源分配方案。
→有忠诚能干的负责人担任项目经理。

如果项目具备以上特征，它就有了获得成功的巨大机会。然而，大多数项目会在实施期间遇到问题，而且这些问题往往是难以预测的，因此，我们需要对项目计划做出动态调整。以下是项目完成过程中需要具备的基本事项：

→根据变更的项目计划，更新日程安排。
→基于项目开工之前客户提供的具体要求，确保工程质量。
→项目实施期间有客户参与其中，以确保客户满意。
→在关键节点上按时交付。
→按预算使用资源，以完成关键节点目标。
→有良好的项目管理。

关注以上注意事项，有助于提升项目成功的概率。如果缺少其中任何一条，项目经理应该确定它缺失的原因，并找到补救办法。以下是成功的项目在实施之后应当具备的特征：

→达成项目的预期目标，收益可观。
→项目成果达到或超出预期质量。

→客户满意。

→项目按时交付。

→项目费用未超出预算。

→项目能提供交付后服务。

实施前	实施中	实施后
有良好的设计方案	更新日程安排	项目获利
有明确的项目目标	确保工程质量	成果质量达标
有客户参与	有客户参与	客户满意
有专项资金	按时完成关键节点目标	项目按时交付
有资源分配方案	每个关键节点预算未超支	整个项目预算未超支
有尽责的项目经理	有良好的项目管理	有项目交付后服务

图表5-2 项目完美实施的特征

图表5-2总结了成功项目所应具备的特征。如果项目具备以上所有特征，就表明该项目的实施是非常成功的。

假设项目启动时符合相关标准要求，就应当按照图表5-2中间一列所列事项，对项目进程进行检测。此外，有必要对照标准定期开展相关评估工作。那么，应该由谁开展评估工作呢？我们的建议是，可以从组织内部选择一个或几个员工，也可以从组织以外选择此项目获益最大，并且愿意承担评估工作的非公司员工开展评估工作。评估人员可以任意采用以上列表中的各项特征作为评估标准，用来衡量项目进程。评估工作每月开展一次。

项目邀请多名客户参与衡量时，应当根据此项目在他们所属区域的价值赋予其评价的相关权重，然后再加以综合考察。举个例子，如果有3名客户参与衡量，你可以给他们分别赋予20%、30%和50%权重，然后计算3名客户衡量结果的加权平均值。如果得出的分数偏低，该项目负责人必须分析所有客户衡量情况，然后确定行动方案，使项目能够符合相关规定的要求。

我们将采用这种方法评估项目进程的一系列项目指标，称为方案进度索引。一致性地图右列就包含与企业战略性项目有关的方案进度索引。因为采用方案进度索引测算出来的结果，是以重要客户的意见为基础的，所以它并不是对项目进程的精确测算，而是在项目出现问题时发出警报的指标。无论如何，为了使评估结果尽可能客观，项目进程是否按时完成应该以项目方案的关键节点为基础，而不是以客户主观意见为基础。

聚焦关键少数

根据我们的经验，许多公司往往同时完成很多项目，却又没有能力将它们全都做好。实际上，对即将开展的项目按重要性进行优先排序非常重要。下面是我们在项目优先排序时应特别注意的技巧：

→利用帕累托法则。又名二八定律，意思是80%的影响是由20%的付出产生的。因为帕累托法则是分形的，产生影响的20%事务中只有20%是真正有意义的，而能够创造巨大价值的则只有极少数至关重要的部分。要想确定哪些项目属于关键少数，请仔细查看企业一致性地图右列的项目计划，看看哪些对实现企业愿景产生80%的影响，然后就对那些项目给予重点关注。

→利用因果法则。每个战略计划都会对企业愿景图上的评估指标产生影响，有些甚至会对多项重要指标产生影响。通过分析战略计划与关键指标之间的因果关系，就可以删除那些不那么重要的战略计划。

→利用权重概念。因为资金和人力资源都是有限的，你不可能完成全部确定好的项目。因此，你需要优选那些最重要的项目。为了挑选最重要的项目，可以采用加权方式，将100分分到所有项目中，获得加权分数最高的就是要挑选的对象。

→**利用排序概念**。公司之所以要制定一长串指导方案，就是为了顺利实现公司的愿景。一般来说，企业愿景在经过许多年之后都会变得更宏大，因此，并不是所有的计划都要立即开始实施。通过排序，你可以确定哪些项目应该是今年开始，哪些项目可以等到明年再做。由此一来，你的项目列表上留下的便是那些关键少数的项目。

3. 实际应用：绘制一致性地图

如果按照前面几章所描述的流程进行操作，你现在就可以看到企业一致性地图的最初版本。为了确保一致性地图的质量，建议你按下面的描述，先分左右两列仔细检查相关内容，然后根据有效性检查原则，考察一致性地图左右两边的内容及其相互关系。

提高左边的质量

第三章提到过评估指标应该符合质量标准，即评估指标是可衡量、有数据支持、以事实为基础、可靠的，而且能够准确表达企业愿景和目标。为了确保评估指标符合以上质量标准，建议你通过计算现状来测试各项评估指标。由此一来，你就可以保证计算公式和相关数据的正确性。

某些指标可能没有数据，所以算不出它的当前状况。面对这样的情况，该怎么办呢？对此，提出以下建议。如果评估指标与现在的进程有关，可以试着修改指标的确立方式，然后利用现有数据进行计算。例如，你或许没有"职工满意度指数"的相关数据，但有组织"工作氛围调查"数据。于是，可以利用现有数据，估计新数据采集所需成本，并将之与保留该项指标的收益进行比较。这样做有助于你决定是保留、更换抑或删除该项指标。

至于与当前无关的指标，因为流程还没有，所以先不管，就让它们待在一致性地图上好了，这也便于今后对这些数字进行计算。你必须确保指标是战略性指标，可以充分衡量愿景目标。换句话来讲，衡量指标必须能够支持企业战略的实施。最后，还必须确保对指标进行优先排序，重点关注极少数的重要指标。

量化战略，提高质量

企业一致性地图右列各项指标的质量优劣主要取决于企业战略的质量。因此，请务必花时间确认一下，恰当的企业竞争战略和企业增长战略是为企业量身定制的。具体请参考以下标准：

→企业战略能转变成恰当的项目方案。
→聚焦关键少数项目。
→选择合适的项目经理。
→每个方案都安排客户进行评估。

现在，你可以要求客户参考适当的标准对项目开展评估工作。图表5-3提供了问卷调查模板，可供客户使用。

为了提高支持方案进度索引中各事项评价相关信息的质量，有必要降低评估的主观性。以下意见有助于降低评估的主观性：

→客户评价应该基于真实可靠的数据，而数据应该来自良好的项目管理工具，它能够跟踪项目进度、关键节点、交付物和关键路

战略计划	项目负责人		客户		日期
评估标准	权重	评级合格	支撑材料	加权评分	评价
更新后的项目计划标注关键节点和交付物	10	是／否	项目计划		
按时完成关键节点目标	30	是／否	项目计划		
项目计划费用在预算内	20	是／否	项目开支		
关键节点目标符合质量规格	20	是／否	质量文件		
客户对项目进度满意	20	是／否	客户意见		
			总分		

图表 5-3　策略计划进展评估表

径。所以，有必要使用项目管理工具。

→项目计划必须做到月度更新并存档。

→必须为客户评估提供质量要求的具体数据。

→对项目进度和预算标准进行评估的客户，必须运用相关数据支持自己的评价。

→参与项目评估的客户人数，必须不少于两名。

总之，现在为公司一致性规划确立了一个指南。在召开公司高层会议时，可以参考这份企业一致性地图。一致性地图的中心是企业的使命陈述和愿景宣言，可以借此提醒大家，你们制定了一个多么鼓舞人心的使命，有多么宏大的目标在等待大家去实现。还可以用一致性地图左列各项指标评估公司实现预定目标的进展情况，用一致性地图右列各项指标提醒大家注意，哪些是确定的关键性战略、进展如何以及如何推动公司前进。

下一章预告

现在，你可以针对确定好的评估指标和战略计划，将职责落实到个人。下一章讨论如何将职责落实到个人的问题。

第六章
职责分配，明确团队每个成员的角色

　　X集团公司在高层管理人员会议上绘制的企业一致性地图，让参会者非常清楚地看到企业一致性地图的操作流程。高管能看到，量化的指标和方案是如何帮助公司实现愿景的。绘制好企业一致性地图之后的下一步是明确各项指标和方案的负责人。学习X集团公司的案例，你将了解，如何建立公司各部门各岗位的职责。

1. 案例分析

　　技术通马克向X集团公司管理团队介绍了一些概念，用于帮助他们有效地进行职责分配。过程指标（一致性地图左边）应分配给组织基层具有恰当能力水平的员工，因为他们对提高指标效度有最直接的影响；方案指标（一致性地图右边）应分配给具有对应职责权限的组织高层，因为他们对方案实施有最直接的影响力。

　　技术通进一步解释了这些指导方针背后的基本原理。各项进度在组织内都有非常清晰的界定，而管理进度的人就应该负责相应的评估指标。但是，这些人通常都是组织内的基层员工。然而，战略性方案需要创造新事物，也需要启动资金。因此，只有组织中权力较大、层级较高的员工才有决策权和公信力，才能整合有效资源，使方案获得成功。

无论是过程指标还是方案指标都会受到一些人的影响，每个人承担的职责都不一样。发挥清晰作用的影响力有4种：直接影响力、跨职能影响力、管理影响力、矩阵影响力（虚线影响力）。管理团队评审了一致性地图的每一项过程指标和方案指标，确定负责每项指标的合适人选，然后以文件的形式记录下每项指标和每个方案的责任人及其作用。如此一来，他们就能清楚地看到一致性地图上各岗位的责任分配情况。

2. 一致性规划：构建企业的职责框架

如案例所述，一致性地图上所有指标和方案的衡量都必须具体到个人。一致性地图左边是过程指标所处的位置，该区域的责任应该自上往下推进到基层，由合适的员工承担。这样做才能让合适的员工有权力行动，从而授权给每一个级别的员工。在许多公司里，有些决策制定者不是来自恰当的层级，有的甚至与那些能够对指标产生影响的员工相距好几个层级。这不仅会造成局面混乱，而且会分散团队（或者若干团队）的注意力，最终使得工作目标难以达成。

一致性地图右边的情况则刚好与之相反。这里所列举的方案应该由公司最高管理层级中的合适人员担责。"合适"一词意味着此人有决策权，能够分配必要资源，从而确保方案获得实施。因为战略性方案对企业未来具有高度重要性，所以负责该类方案的人应该尽可能来自公司首席执行官的层级。这就意味着所有此类方案都应该由首席执行官负责。可是，任何人都不可能有时间同时担任所有战略性方案的项目主管。因此，有一些方案可以分配给首席执行官直属下级或者其他的合适人选。

4种职责功能

针对各项指标和方案，员工所需要承担的职责功能有4种。界定好4种职责功能，可以确保员工理解自己的行为将对指标产生什么样的影响力。对指标产生不可替代影响力的员工，必将承担至少4种职责功能之一。

直接影响力或关键成功因素（CSF）

在过程指标运行过程中，承担最直接责任的基层员工就是该过程指标负责人，该指标从而成为该员工的关键成功因素。指标的数值就是关键成功因素的数值。

以"客户退货率"指标为例。如果约翰是公司基层产品负责人，并直接负责该项指标，约翰的关键成功因素就是"客户退货率"。如果该指标在某个月的数值是5%，约翰的关键成功因素也应该取值5%。

再看看"销售员离职率"指标。该指标可以测算出公司销售人才的流失速度。销售经理对该指标有最直接影响力，所以，这就是他的关键成功因素。如果该指标在某个月的数值是10%，关键成功因素也应该取值10%。

跨职能影响力或关键影响力因素（CIF）

指标仅受一个人影响的情况是很少见的。通常情况下，许多不同职能部门的员工会同时影响同一个指标。为了明确共同责任，我们对跨职能影响力的责任做了界定，并提出"关键影响力因素"这一术语，用来指称那些会对某因素产生不可替代的跨职能影响力但却不会产生主要驱动力的员工。

现在，认真分析上述两个例子。第一个例子中，"客户退货率"可能会受到不同职能部门的影响，包括运输主管、销售员和营销主管等。像这样的话，"客户退货率"就是他们每个人的关键影响力因素，其数值与关键成功因素的数值一样，都是5%。

在第二个例子中，"销售员离职率"指标可能受到人力资源主管的跨职能部门影响力，因此，该项指标就是人力资源主管的关键影响力因素，其数值就与关键成功因素的数值一样，都是10%。

考虑你自己的公司。假设你是营销主管，你的关键成功因素是什么，关键影响力因素又有哪些？关键成功因素之一可能是你通过在市场营销方面的努力所激发的兴趣，其测量方式是看某条网络广告的点击数或某条电视广告的回应次数。关键影响力因素可能是销售额，因为你的营销努力能够提高销售额，所以你对销售额产生了不可替代的影响力。"销售额"指标是销售员的关键成功因素，同时也是你作为营销主管的关键影响力因素。此外，公司还有其他工作岗位是销售额的关键影响力因素，比如生产主管或者物流主管，因为他们都会对销售产生不可替代的影响力。

明确了关键成功因素和关键影响力因素的功能之后，具有关键成功因素的员工就会知道公司期待自己的绩效，而这是很激励人心的。同样，具有关键影响力因素的员工知道自己应该与同事团结合作，从而共同提高绩效。当然，具有关键影响力因素的员工还会意识到一件重要的事情，就是不要接管那些拥有关键成功因素员工必须担任的角色。通过参与这一过程，每个人都理解了自己的职责，并认同其职责，这便增强了合作。

管理影响力或者关键管理因素（CMF）

第三个功能是管理影响力。如果你以管理者身份对某项指标产生影响力，该指标就是关键管理因素。关键管理因素是通过下属的情况衡量你在绩效影响力方面是否成功。例如，作为销售主管，你直属下级的6名销售员的总销售额就是你的关键管理因素。之所以说它是关键管理因素，是因为你并没有真正进行销售，但是却通过所管理的销售员对销售额产生影响力。

如果你是经理，你在工作中也会有个人的关键成功因素。除了观察作为关键管理因素的某个具体总数之外，你也为之做出了可量化的独特贡献。例如，作为销售主管，你的独特贡献，即关键成功因素，可能是"超出定额量的销售员的百分比"。这将激励你关注所有销售员，帮助他们完成销售定额。此外，这也将有助于销售员的长期发展。另一个关键成功因素是"获得1.2倍定额量的销售员的百分比"，这将激励你关注那些为了提高总销售额努力工作的高绩效销售员。

区分关键管理因素和关键成功因素非常重要，因为在很多组织中，经理和主管往往倾向将较低层级员工上报的具体数字当成他们自己的关键成功因素。这就导致一种现象，即组织中的管理者一层一层地"盯着"那些真正在干活的员工。例如，你有5个销售员，片区经理就盯着自己片区的总销售额，大区经理就盯着自己区域内所有片区的总销售额，总经理就盯着全国所有大区的总销售额。这没问题，因为那是他们的关键管理因素。但是，除此之外，他们还有什么其他附加值呢？能够明确每份工作独特的附加值并为之分配关键成功因素，这非常重要。

如果你经营的是一家较小规模的公司，虽然没有大公司那样复杂的结构，但是只要公司有一个以上的层级，关键成功因素和关键管理因素的理念就适用公司。你可能会有几位经理，他们帮你管理着销售、生产和交付等事务。他们每一个人都有自己的直属下级。我们的建议是，应该将一致性地图上各项指标相对应的职责分配给具体承担关键成功因素、关键影响力因素或关键管理因素的公司员工。

矩阵影响力或关键影响力管理因素（CIM）

第四个功能是矩阵影响力（虚线影响力），也叫关键影响力管理因素，表示在不同职能领域中影响员工工作的管理影响力。有关矩阵影响力的例子，想象一家大型百货公司的情形。在男装部有个太阳镜精品区，销售员正在售卖多种产品，其中就有太阳镜精品区的商品。销售员以实线汇报形式向商店销售经理汇报该区域的总销售额，而在向商场负责太阳镜类商品的品类总监汇报时可能就会采用虚线汇报的形式。因此,"太阳镜销售额"是销售员的关键成功因素,是销售主管的关键管理因素,而对品类总监来说则是关键影响力管理因素。

方案指标的职责作用

前面描绘了一致性地图左边的过程指标承担的职责作用。这些职责作用同样适用一致性地图右边的各项方案指标。第五章讨论过,一致性地图右边的战略方案也有相应的评估指标。你可以根据上一章所提到的一揽子标准衡量战略方案的进度。

上一章谈到,一致性地图右边有个指标是评估方案进程的,称为方案指数。类似于关键成功因素,方案指数包括4种类型。对它产生直接影响力的方案指标是方案指数(INX)。以管理者角色对它产生影响力的指标是方案管理指数(IMX)。以跨部门角色产生不可替代影响力的指标是方案影响力指数(INI)。以虚线管理者角色产生影响力的指标是方案管理影响力指数(IMI)。

现在看几个有关方案指数的例子。假设公司的战略是实施一个新模块,用以实现后台办公功能自动化。为此,要从每个部门选出一名员工监督该项目的实施。你会将方案指数的职责分配给项目经理,而负责全公司方案实施的人将承担方案管理指数的职责作用。

再看另一个例子。假设你有一家小型餐馆,现在想扩大规模,打算在3个城市开3家分店,那么经营餐馆将成为3个不同城市中3个员工的方案指数。总店主要管理人员将发挥方案影响力指数的作用。如果你打算安排一位负责人总体监督3个项目的话,该人的职责作用就是负责方案管理指数,集中管理新开的3家分店。

职责作用小结

图表6-1展示了上述全部概念,可供你在分配一致性地图中各项

第六章　职责分配，明确团队每个成员的角色

指标的职责时加以参考。

现在总结本章的主要观点。一致性地图中有两类指标：一类与企业愿景有关，另一类与企业战略有关。地图左边与企业愿景相关的指标应分配给合适的基层员工，作为关键成功因素。地图右边与企业战略相关的指标应分配给合适的高层员工，作为方案指数。除了承担主要责任的员工之外，其他员工都应该承担不可替代的影响力职责。图表6-1总结了所有这些职责作用。

影响力类型	对愿景指标的影响力	对战略性指标的影响力
直接影响力	关键成功因素	方案指数
管理影响力	关键管理因素	方案管理指数
跨职能影响力	关键影响力因素	方案影响力指数
跨部门矩阵管理影响力	关键影响力管理因素	方案管理影响力指数

图表6-1　职责的相关概念

3. 实际应用：团队职责分配

现在将责任分配的流程应用到组织中。首先，需要邀请合适的人员参加责任分配会议。实施责任分配流程对于准确限定相关职责非常关键。可以请业务熟练的专家主持会议，用前几章描述的行为准则作为指导，鼓励每个人进行有意义的交谈。那么，应该邀请哪些人参加会议呢？答案是，既应该邀请公司的顶层管理团队，也应该邀请各岗位的员工代表。如果同一岗位上有20名员工，可以邀请其中一两个代表；如果是小型公司，可以邀请所有管理人员来参会。

运用以下方法，即使你还没有绘制好一致性地图，将相关因素分配给恰当的员工也不是件很难的事情。

◆ 创建图表6-2类似的电子模板，第一列描述一致性地图左侧的主要类别。

◆ 第二列插入一致性地图左右两侧与主要类别相关的指标。

◆ 第三列插入公司领导，即首席执行官的名字，接下来几列依次插入首席执行官各直属下级的名字。

◆ 观察各项指标，确定将他们分配给哪些人作为关键因素：关键成功因素、关键影响力因素、关键管理因素、关键影响力管理因素。对照表中所列各项方案，重复此步骤。

我们将图表6-2称作职责模板，用来显示一致性地图和组织结构中的各项指标。有了这个模板，就可以在会议中向参会人员提问了。以下是你需要提前准备的一些问题，以促进交流，达成共识。

在公司基层员工中，谁会对该项指标产生最直接的影响力？

例如，看到图表6-2中的第一条是过程指标"全球销售额"。上面这个问题就会引人思考：真正在销售的人是谁？有人会对此做出回答，另一些人则举手同意或者提出不同意见。找到最佳答案往往要花费很多时间，这很正常，不必惊讶。会议上一些最有价值的见解往往在于某个指标究竟是谁的关键成功因素。例如，在X集团公司中，他们就认为"全球销售额"这个指标是业务部销售员的关键成功因素（如图表6-3所示）。

谁会对这个指标产生不可替代影响力？

只要确定好上面指标是组织中哪个人的关键成功因素，就能回答这个问题。实际上，关键成功因素拥有者是回答谁会对指标产生不可替代的影响力这一问题的最佳人选。答案就是物流主管、生产主管和营销主管都会对销售额产生不可替代的影响力，因此他们每个人都在公司业务部拥有关键影响力因素。

第六章 职责分配，明确团队每个成员的角色

	指标或方案	首席执行官 布莱恩·司各特	子公司 首席执行官	项目部 希琳·钱德拉	技术/研发部 派特·布朗	首席财务官 泰德·弗莱尔	人力资源部 盖尔·洛克	基层
愿景	全球销售额（美元）							
	制定确定规模的标准，提出扩大规模的战略，并与各子公司协调实施							
X集团规模	分析现有的自然增长潜力，提出增长部分，并与企业施调、协商实施事宜							
	与财务和业务领导人合作，执行现有的收购方案							
	制订计划，加强协同，提高销售额							

续表

愿景	指标或方案	首席执行官 布莱恩·司各特	子公司 首席执行官	项目部 希琳·钱德拉	技术/研发部 派特·布朗	首席财务官 泰德·弗莱尔	人力资源部 盖尔·洛克	基层
X集团规模	制定收购标准，完善方案，并在X集团批准后执行方案							
形象	首要考虑							
	确定理想的X集团形象，制定并实施批准后的推广计划							
覆盖面	覆盖的国家数量							
	占该国销量首位的国家数量							
	制订计划，扩大全球覆盖面							

图表 6-2 X集团公司顶层团队的职责分配表

谁拥有管理影响力？

管理人员可以回答这个问题。在 X 集团公司案例中，将"销售额"作为关键管理因素的是布莱恩与那些处于布莱恩及关键成功因素拥有者之间的管理者。管理人员可能仅仅将关键管理因素分配给业务部的销售管理层，而不会考虑到比他们级别更高的其他高层。

谁拥有虚线影响力？

关于虚线影响力，看看另外一个指标："团队人员离职率下降百分比"。如果公司有虚线汇报，就能回答这个问题。在 X 集团公司案例中，人力资源部对 4 家子公司的人力资源职能方面都产生虚线影响力。因此，他们的责任分配情况如图表 6-4 所示。

为了明确方案指标的相关责任，同样需要召集类似的会谈。可以在会上提出与上面问题相似的一些问题。以"设立确定规模的标准、提出扩大规模的策略、协调各子公司的工作"为例，可以提出这样的问题："在公司高层中，谁会对这项方案产生最直接的影响力？"参会人员将仔细思考并讨论这个问题，然后达成一致意见。如图表 6-5 所示，在 X 集团公司的案例中，该项方案对于项目部的希琳·钱德拉而言是方案指标，对于各子公司的首席执行官、技术/研发部的计划主管派特·布朗和首席财务官泰德·弗莱尔等人来说，则属于方案影响力指数。

在确定好哪些人负责关键成功因素、关键影响力因素和关键管理因素之后，就可以将相关信息填入模板。完成两个到三个指标的操练之后，每个人都能够熟练运用该方法，整个工作进度也将加快。图表 6-6 中，以 X 集团公司为例，这样就能明白职责结构可能出现的形式。

从这个例子中，可以看到 X 集团公司是如何根据一致性地图中的指标和战略方案进行责任分配。他们的做法是将一些指标的关键成功因素分配给各子公司的基层员工。他们给参加这次外地会议的管理人员分配了责任，但是将子公司内部的责任分配工作留给了子公司的管理人员执行。

指标或方案	首席执行官 布莱恩·司各特	子公司 首席执行官	项目部 希琳·钱德拉	技术/研发部 派特·布朗	首席财务官 泰德·弗莱尔	人力资源部 盖尔·洛克	基层
指标：全球销售额（美元）	关键管理影响力	关键管理因素					关键成功因素

图表 6-3 过程指标的责任

指标或方案	首席执行官 布莱恩·司各特	子公司 首席执行官	项目部 希琳·钱德拉	技术/研发部 派特·布朗	首席财务官 泰德·弗莱尔	人力资源部 盖尔·洛克	基层
团队人员离职率下降百分比						关键影响力管理因素	关键成功因素

图表 6-4 虚线影响示例

指标或方案	首席执行官 布莱恩·司各特	子公司 首席执行官	项目部 希琳·钱德拉	技术/研发部 派特·布朗	首席财务官 泰德·弗莱尔	人力资源部 盖尔·洛克	基层
制定确定规模的标准，提出扩大规模的战略，并与各子公司协调实施		方案影响力指数	方案指数	方案影响力指数	方案影响力指数		

图表 6-5 方案职责示例

第六章 职责分配，明确团队每个成员的角色

愿景	指标或方案	首席执行官 布莱恩·司各特	子公司 首席执行官	项目部 希琳·钱德拉	技术/研发部 派特·布朗	首席财务官 泰德·弗莱尔	人力资源部 盖尔·洛克	基层
X集团规模	全球销售额（美元）	关键管理因素	关键管理因素					关键成功因素
	制定明确规模的标准，提出扩大规模的战略，并与各子公司协调实施		方案影响力指数					
	分析现有的自然增长潜力，提出增长部分，并与企业协调，协商实施事宜		方案影响力指数	方案指数	方案影响力指数	方案影响力指数		
	与财务和业务领导合作，执行现有的收购方案		方案影响力指数	方案指数	方案影响力指数	方案影响力指数		
	制订计划，加强协同，提高销售额	方案管理指数	方案指数	方案指数				

续表

愿景	指标或方案	首席执行官 布莱恩·查特	子公司首席执行官	项目部 希琳·钱德拉	技术/研发部 派特·布朗	首席财务官 泰德·弗莱尔	人力资源部 盖尔·洛克	基层
X集团规模	制定收购标准，完善方案，并在X集团批准后执行方案	方案指数	方案指数			方案影响力指数		
形象	首要考虑							关键成功因素
	确定理想的X集团形象，制定并实施批准后的推广计划		关键管理因素	方案指数				
覆盖面	覆盖的国家数量							关键成功因素
	占该国销量首位的国家数量							关键成功因素
	制订计划，扩大全球覆盖面	方案管理指数	方案指数	方案影响力指数		方案影响力指数		

图表6-6 X集团顶层团队的职责一致性

如果公司规模较小，企业愿景中的指标和方案在数量上就会简单些。尽管如此，上述那些问题也能帮助明确应该由谁来承担各项指标和方案的相关责任。

下一章预告

现在，你可以履行明确规定的责任，还要学习如何将它应用到个人计分卡。你所编制的计分卡，将促使每位员工重点关注自己能对公司成功做出什么样的贡献。

第七章
计分卡，衡量个人的职责与绩效

布莱恩的管理团队继续前行，开启了实施全面一致的下一个步骤。利用一致性地图为每个指标所确定的职责，他们为每项工作创建了个人计分卡，同时明确了每个人的职责并考虑到跨职能部门之间的合作。接下来，你将了解这一极具价值的过程，也将了解如何将它运用到自己的公司中。

1. 案例分析

现在，X集团公司高管准备了解，如何将他们在明确责任时所做的各项工作转化为计分卡。大家都知道，企业计分卡衡量公司或部门的绩效；对大多数人而言，用计分卡衡量个人绩效的做法是很新颖的。实际上，这些高管对于组织中运用个人计分卡的效果在某种程度上持怀疑态度。技术通解释说，只要个人计分卡有明确的设置，就会受到大家的欢迎。为什么？因为员工都清楚自己在组织取得成功过程中做出了怎样的贡献。个人计分卡可以非常清晰地显示每个人的职责。有了个人积分卡，每个人都会将自己的努力付出与组织的愿景和战略保持一致。有了它，员工们都将聚焦工作中能产生最直接影响力的事情上。

技术通向管理团队展示了四列的个人计分卡模板。如图表7-1所示，第一列是企业愿景图中各项组成要素，第二列是分配到个人的关键因素和方案指数，第三列是与关键因素和项目指标相关的个人角色，第四列是重要性，即权重。

愿景要素	关键因素或方案指数	角色	权重

图表7-1　计分卡模板

根据前几天有关职责的对话，他们为每一位参会者填写了个人积分卡。此后，各子公司负责人可以组织各自的管理团队应用这个方法，为职责金字塔中的所有工作制作明确的个人计分卡。

2. 一致性规划：创建个人计分卡

简单复习一下前几章所学内容。第二章，确立了公司的使命和愿景；第三章，运用指标评估了企业愿景，并创立愿景树；第四章，确立了企业战略和战略指标，并创建了企业战略树；第五章，在结合愿景树

第七章 计分卡，衡量个人的职责与绩效

和战略树基础上绘制了企业一致性地图；第六章，了解如何使用一致性地图，将各项指标和方案的相关责任分配给组织中正确层级的合适人选，并且了解到每个因素如何受到多人行为的影响。

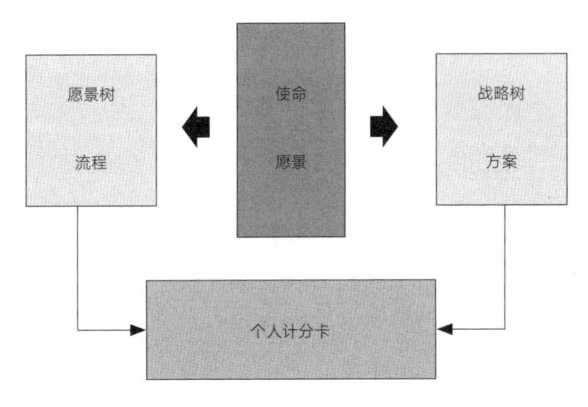

```
        愿景树            使命            战略树
        流程      ←      愿景     →      方案

                      个人计分卡
```

图表 7-2　计分卡一致性

图表 7-2 以图形形式简单地做了总结。从中可以看到，计分卡有两种度量标准，分别来自一致性地图左侧和右侧。第六章明确了各项指标的责任并将之分配给相应的角色，因此，可以给每个人建立个人计分卡了。

现在，我们一起了解如何将前面所学内容结合起来，为组织中每位员工建立个人计分卡。**前面几章的目的就是为了帮助了解如何编制个人计分卡。**为什么说计分卡很重要呢？因为计分卡将员工个人与公司愿景和战略紧密相连。如果公司每位员工都有个人计分卡，整个公司就有了很强的一致性。只要计分卡上的可测算指标界定明确，员工特定角色的界定清晰，员工就会将工作重心放在最重要的活动上，而且每个人的职责都清楚明了。

计分卡可以作为企业一致性规划中可循环使用的工具。在第十一章，将用计分卡促进问题的解决和行动计划的开展，从而提高绩效，进而帮助组织实现愿景目标。

个人计分卡

个人计分卡可以清楚说明每位员工对组织所做的贡献，还可以衡量实现企业愿景时所产生的附加值。个人计分卡具有动态衡量和跟踪的功能，可以在持续改进的基础过程中促使员工始终关注重要的、优先级的任务。

实际上，个人计分卡的权力和有效性在很大限度上取决于拥有各项因素的员工。请务必牢记，个人计分卡上有非常重要的因素，他们要么是关键成功因素，要么是影响因素。因为这些因素都是用可靠的方法从企业愿景和战略中提取出来的，所以，计分卡的可接受性和所有权程度都很高。然而，为了进一步提高个人所有权意识，我们建议，最好从每个岗位上选派一位员工，让他们根据一致性地图建立自己的个人计分卡。如果员工能够参与其中，他们就会理解事情的意义；充分的理解就会产生积极的行动。

在设计公司个人计分卡时，首先要做的可能是提出大量指标，特别是针对高层管理人员的指标。因为许多高层管理者认为，指标越多意味着工作越重要。许多高层管理者不愿意授权的原因，要么是担心基层员工完成不了工作，要么是不愿放权。可能出现的情况是，计分卡上的关键成功因素实际上是关键管理因素，需要分派给基层员工。另外，也有许多指标其实不应该出现在计分卡上，因为它们没有这么重要。根据以往的经验，5个以上的因素就太多了。因为相较将注意力分散到大量因素上，更好的做法是集中精力处理3个到5个重要因素，并确保这些因素能够取得杰出的绩效。

授权能减少计分卡上的因素数量。然而，一开始就让管理人员授权是非常困难的。他们很难相信基层员工能承担责任。然而，一旦开始授权给有能力的下属之后，他们就会意识到自己并不需要所有因素。

史蒂芬·柯维的著作《高效能人士的七个习惯》中有一个故事，与我们所谈论的个人计分卡有些关联。史蒂芬举了一个例子：怎样把5块大石头、一些鹅卵石、细沙和水全部装到一个罐子里。他说，如果不首先把5块大石头放进罐子，你到后面就没办法把它们放进去；如果你确实是先把5块大石头放进去，鹅卵石、沙子和水也都能很好地放进去。在我们的例子中，5块大石头就是我们的5个指标和方案。把指标和方案列入计分卡是因为它们需要得到优先关注，还因为它们是实现企业愿景的主要驱动力。鹅卵石、沙子和水是你日程安排表上的其他优先事项。重点关注前面5个因素之后，你就可以着手其他优先事项了。

个人计分卡中有些因素明确规定了个人职责。相应地，企业计分卡中也有同样多的必要因素来确定企业绩效。下面，让我们更进一步了解个人计分卡与企业计分卡之间有哪些不同点。

企业计分卡／个人计分卡

首先，你如何衡量企业成功与否？你想到了什么？你考虑的主要因素很可能与财务有关，比如公司的银行存款、现金流、应收账款、应付款项、利润等。另外，你也可能会关注扩大客户群的方式、客户满意度以及为客户创造价值。你还会关注公司用来向客户传递价值的流程是否有效，更有可能关注公司人力资源的管理方式。与以上因素相关的指标将构成企业计分卡。这些指标将显示公司在这些领域是否成功。每个企业都必须仔细观察自己的企业计分卡。

许多公司所制作的企业计分卡与此处所谈的个人计分卡相比，情况如何呢？实际上，它们之间存在重要的区别。下面仔细看看。

◆ **与企业愿景一致性程度不同**。企业计分卡中各项指标与企业使命或愿景之间往往没有鲜明的一致性；而个人计分卡中的一致性情形则非常清晰，如图表7-1所示。

◆ **战略方案的进展情况不同**。企业计分卡不会跟踪战略方案的进展情况；个人计分卡则会跟踪战略方案的进程，因为个人计分卡的5个指标通常包括愿景指标和战略指标。

◆ **与指标角色有关的概念不同**。企业计分卡中不存在指标角色的概念；而个人计分卡则包含了指标角色的概念，用来鼓励跨职能部门之间的合作。

◆ **计分卡上的信息不同**。企业计分卡上显示的数字是经过整合之后的总数；而个人计分卡上显示的则是原始数字，直接来自员工的绩效。

◆ **考核指标的数量不同**。企业计分卡上有大量的考核指标；而个人计分卡则侧重少数几个考核指标。

至于企业计分卡和个人计分卡哪一个更好，在此不做评判。我们只不过简单列出它们之间存在的差异。企业计分卡和个人计分卡两者都是必要的、有用的，而且相互补充。你还应该通过企业计分卡追踪企业的整体绩效。按照本书所提供的方法，企业计分卡上将列出一致性地图左侧的所有指标。为了更好了解公司如何实现愿景的过程，你有必要按月或按季度仔细观察计分卡上各项指标的现状。

范式转换

仔细分析图表7-3中的两个三角形。假设三角形代表公司人力资源金字塔，一端是当前运行的状态，另一端是未来的运行状态。两个三角形分别对应一致性地图左右两侧。

左边的三角形聚焦现在，右边的三角形聚焦未来。每个三角形的高度表示公司的管理层级。在某些公司里，表示从总裁到一线员工之间距离的垂直线可能很长；而在其他公司里，这条垂直线却可能很短。如果你的公司规模较小，你最多有两三个层级；而一些大型公司，可能会有五六个层级。公司层级越多，倒金字塔的意义就越大。

很显然，越是接近工作一线，员工人数就越多，而越是接近组织高层，员工人数就越少。将一致性地图两边的职责指标分配给金字塔中的员工时，每位员工的计分卡上都会同时包含现在和未来的职责。

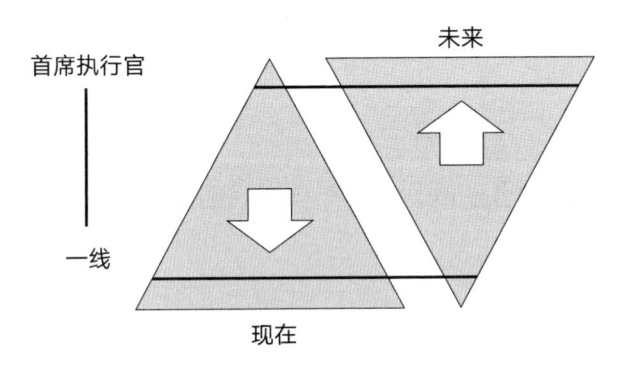

图表 7-3　关注现在与关注未来

如图表 7-3 所示，我们在接近基线（表示一线员工）位置画一条水平线，穿过两个三角形。一线员工的主要职责就是目前的过程指标。他会有若干个关键成功因素，但可能没有方案指数。因此，他主要关注的应该是他在当前现有授权流程中所做的贡献。公司首席执行官的情况则完全是另一回事，因为他的主要关注点应该是未来。首席执行官负责的主要是方案指数，也许还有某个关键成功因素或者关键管理因素。在组织中所处层级影响计分卡上有关现在和未来因素的构成变化，但是各项因素的总和基本保持不变，即 5 个左右。

我们的意思是，在金字塔上位置越靠上，就越应该更多关注未来，更少关注现在。这实际上是先假定传递价值主张的各项流程都已经有了非常明确的规定，且授权给了有能力的员工。你要做的事情是为员工做好分内工作提供帮助，重点关注企业战略并着眼未来。组织领导人的责任是，要描绘好企业的未来蓝图。

但是很遗憾，许多组织的情况并非如此。中级以上员工经常在管理现有事务上浪费大量时间，从而妨碍了负责人的正当工作。如果高层管理者能够投入大量时间关注公司的未来发展，他们就能加快公司实现愿景的步伐，能够更加了解市场中不断变化的环境，从而能够确保其战略得到更好的执行。倒金字塔原则的应用，将对公司产生许多积极的影响。

3. 实际应用：建立团队计分卡和企业计分卡

假如按照第六章所说的给每个岗位的员工明确规定了相关职责，就会有一张类似图表6-6的表格。总的来说，在此表格中，第一列是企业愿景树的主要目标。第二列是过程指标和方案。如果你是公司首席执行官，第三列标题就是你的姓名。从第四列开始，后面几列都是直属下级的姓名。最后一列的标题是"基层"。

正如第六章所讨论的，在这张表格中，与每项指标相关的员工角色都清楚地分为关键成功因素和关键管理因素等。从第三列开始，表格（图表6-6）中的任何一列都能用来构成员工个人计分卡内容。

现在，看看这一过程如何应用于X集团公司，仔细分析一下布莱恩·斯科特如何运用图表6-6制作他的个人计分卡。布莱恩和团队先是仔细审核了职责模板中各项内容。其中，由布莱恩负责的因素和项目指标共有5个。然后，他们将这些因素和指标复制下来，输入图表7-1所示的计分卡模板中。然后，为了确定各因素的权重，他们讨论了公司首席执行官的职务及其首要职责。讨论结束后，绘出了布莱恩的个人计分卡，如图表7-4所示。

第七章 计分卡，衡量个人的职责与绩效

愿景	关键因素或方案指数	角色	权重
X集团公司规模	全球销售额（十亿美元）	关键管理因素	20
	为了增加销售额，完善计划以实现协同最大化	方案管理指数	20
业务覆盖范围	完善计划，实现全球覆盖最大化	方案管理指数	10
为股东提供卓越价值	经济附加值（十亿美元）	关键成功因素	30
	每股收益	关键成功因素	20

图表 7-4 布莱恩·斯科特的计分卡

权重的概念

最后一列的权重是用来表示布莱恩所负责5个因素的相对重要性。无论在公司哪个层级上，权重的分配都能帮助员工更加关注自己应该把时间和精力投入什么地方。那么，权重是怎么来的呢？每位员工都与上司进行会谈，然后确定各项指标的权重。如果你是高层管理人员，你可以从管理团队获得帮助或者听取董事会建议。确定各项指标权重时，可以采用以下标准。

◆ 一个很重要的做法是将愿景指标转化为计分卡指标。

◆ 明确与各项指标相关的员工角色的类型。例如，对于关键成功因素而言，这就意味着它能够捕获工作中独特的附加值。因此，该项指标应该获得更大权重。

◆ 明确个人对其角色所负责各项因素的影响程度。例如，负责关键成功因素的员工对负责关键影响力因素的员工团队有重大影响力，或者相对其他员工有更大影响力，而这将在权重上得到反映。

这三个标准将有助于员工和上级进行讨论，在给计分卡上各项指标分配100分的过程中达成一致。

如果身处正在扩展中的实体企业或者正在快速发展业务的大型公司，你必须系统地关注用来传递价值主张的各项过程。本章所描述的计分卡将是你通往成功的入场券，能够确保有关客户和公司利益的重要事项都得到恰当的管理者的悉心照料。冷静分析之后，你才有时间重视公司的未来态势，比如分析市场，密切关注客户不断变化的需求、竞争对手的各项意图及其战略。做好这些事项之后，你就能够确保公司的未来一片光明。

下一章预告

如果公司每一项工作都有一张职责明确的计分卡，公司的情况会怎样呢？答案是，公司员工会对各自职责了如指掌，从而可以专心致志地实现绩效目标。为了更好地受益于已完成的一致性规划工作，你还需要优秀的跟踪回访机制，以确保持续不断地关注计分卡，保持已经确定的一致性程度。因此，你需要一个系统。在下一章，你将对这个系统有充分的了解。

第八章
一页纸报告，消除多余、低效工作

关注计分卡的绩效能保证主要职责的高度优先，鼓励团队使用报告系统。报告系统能准确地提供组织中所有层级的最新数据，并且确保绩效透明。在本章，你将学会如何撰写重点报告、反馈报告和管理报告这三份一页纸报告，用以详细记录实现企业愿景的过程。

1. 案例分析

保罗·哈里斯被任命为 X 集团公司全面一致性项目经理。保罗对此工作充满热情，对于能直接向布莱恩汇报工作感到很开心。保罗从外地会议那段经历中受到极大的激励，也决定全身心地投入此过程。

保罗认为实现全面一致的关键是定期更新计分卡的信息，每年、每季度、每月、每周、每天，始终保持信息精确。他知道工作报告必须用现存数据源中精确可靠的数据加以支持。

保罗与公司的信息技术部合作，建立了专为管理者提供定期报告的系统。他们将这种计分卡报告称为重点报告。信息技术部用公司数据库的信息填写重点报告。重点报告也将提供报告期间个人计分卡所有指标的真实绩效。还有两个深层次报告，也就是反馈报告和管理报告。前者指出每人重点报告中的正向例外和负向例外；后者突出强调每个管理者职责等级内部的正向例外和负向例外。

2. 一致性规划：用精确报告追踪协同

上面案例分析中描述的报告系统基于《一页纸管理》一书（参见www.totalalignment.com/opm）。该书描述了重点报告、反馈报告和管理报告三份个人报告的框架。对于记录组织协同一致而言，这三份报告是个非常理想的组合。下面，让我们看看三份报告能为你和公司带来哪些好处。

重点报告

重点报告显示绩效情况，也就是你在第六章所建立的计分卡的绩效情况。图表8-1是重点报告模板。报告中的绩效与你所负责各项指标的实际情况相关。指标的"现值"是数字，显示该指标在前一周期结束时所取得的绩效。例如，计分卡的某个指标是"客户退货率"，如果4月份的客户退货率是3%，5月份绩效的重点报告现值一列中，客户退货率这一指标的现值就是3%。指标的现值能帮助了解绩效情况，并由此将你的努力方向与企业的发展方向协同一致，从而改善指标的现值。

如果你用商定的标准评估指标现值，你就能确定自己的绩效是"良好"还是"不好"。我们通常喜欢用目标确立标准。因此，如图表8-1模板所示，你可以为计分卡上每个关键因素确定最低目标、满意目标和优秀目标三个层次。最低目标表示可以让人接受的最低绩效水平；满意目标表示能够令人感觉良好的绩效水平；优秀目标表示优秀的绩效水平。

请注意，有些因素的目标值是越高越好，比如"生产量"；而另外一些因素的目标值是越低越好，比如"损耗率"。这就是为什么第六列的标题是最低／最高目标值。如此一来，你就可以根据因素的类型判断其可接受绩效是高于最低值，还是低于最高值。对照这些标准，你可以确定以下三种情况：

1. 现值高于优秀目标值时，表示绩效优秀。
2. 现值高于满意目标值时，表示绩效良好或正向例外。
3. 现值低于最低目标值时，表示绩效不好或负向例外。

愿景要素	关键成功因素或方案	类型	权重	现值	最低／最高目标值	满意目标值	优秀目标值	趋势

图表 8-1　重点报告模板

除了"现值"和"目标值"以外，还有一个重要信息就是"趋势"。趋势表示"现值"是在向好方向发展还是向坏方向发展。例如，上月绩效可能低于最低目标值，但在过去 5 个月里，其趋势却可能是好的。反之，上月的绩效可能是良好的，但近 5 个月的绩效趋势却可能是不好的。趋势是很有用的信息。如图表 8-2 所示，你可以在图表上标出各项指标每个月的现值，用以判断其发展趋势。

销售额

优秀目标值

满意目标值

最低目标值

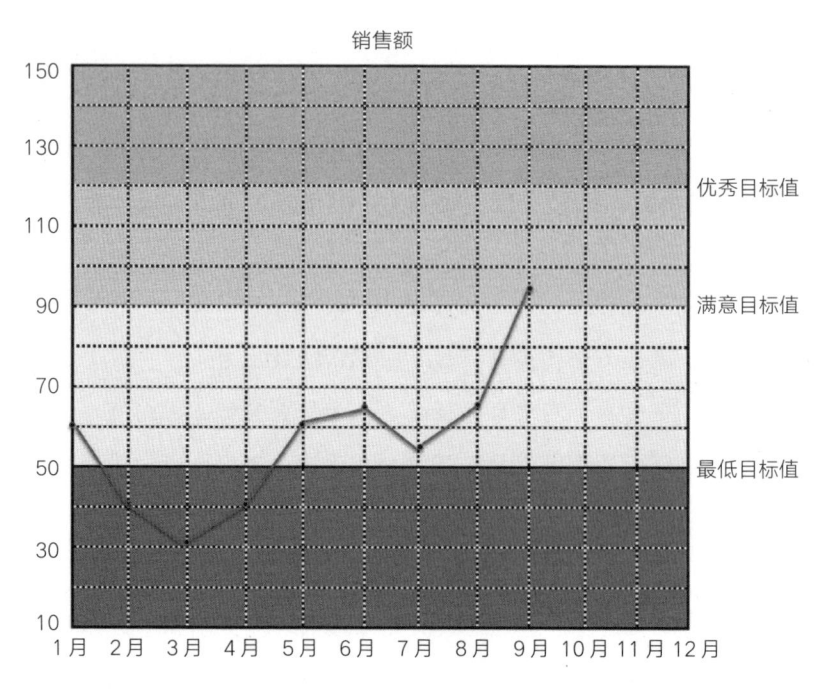

1月 2月 3月 4月 5月 6月 7月 8月 9月 10月 11月 12月

图表8-2　绩效曲线图

你可以根据图表8-1模板，创建自己的重点报告。第一列输入企业愿景组成要素。第二列输入个人计分卡上为愿景要素提供支持的各项指标。第三列根据关键成功因素、关键影响力因素等项目填入你将充当的角色类型。第四列输入你与上司一致确定的各项目权重。第五列输入指标在上阶段的现值。第六列至第八列分别是3个目标值。第九列是趋势情况，根据前面所分析的数值曲线图，用字母"G"表示好／向上的趋势，用字母"B"表示不好／向下的趋势，用"－"代表无变化。例如，如图表8-2所示，在9月份重点报告中，用字母"G"表示指标"××万美元销售额"的趋势是好的。我们认为，你一定会发现建立重点报告是项令人受益匪浅的活动。你可以通过重点报告更深入地思考各项因素、确立因素时所使用的公式、用来进行计算的数据和各项因素所需要的积极行动等。你也许会非常惊讶地看到，撰写重点报告竟然会如此有用。

反馈报告

第二份一页纸报告叫作反馈报告，其目的和作用在于总结概括各项指标现值所反映的"好消息"和"坏消息"。反馈报告充分显示出哪些因素现值低于可接受范围内的最低值，哪些因素现值高于满意目标值。介于最高值和最低值之间的现值被认为在可接受范围。图表8-3是反馈报告的一个模板。

这份反馈报告同样显示某个因素现值高于满意目标值或低于最低／最高值的连续周期数。只要看一眼，你就能明白自身绩效的反馈情况。现在，试试看创建一份自己的反馈报告吧。仔细看看重点报告的每一个因素，将现值与目标值进行比较。如果绩效现值优于满意目标值，把因素名称和因素类型、现值和满意目标值填入图表8-3所示表格上半部分；如果绩效现值低于最低目标值或者高于最高目标值，就将因素名称和因素类型、现值和最低／最高目标值填入图表8-3所示表格下半部分。在第五列输入该因素绩效连续高于满意目标值或低于最低／最高目标值的次数。

好消息：已达成目标							
关键因素	类型	现值	满意目标值	连续周期数	例外上报	趋势	

续表

问题：思考创造性解决方法							
关键因素	类型	现值	最低/最高目标值	连续周期数	例外上报	趋势	

图表 8-3　反馈报告模板

管理报告

如果你是管理者，你就需要了解职责金字塔中所发生的一切，包括从下到上的和从上到下的所有事情。为此，做法之一可能是仔细研究直属下级和非直属下级的个人重点报告。但是，这样做可能既费时又低效。为了更好地利用绩效信息，我们创建了第三份报告，即管理报告。通过管理报告，你可以快速获取职责金字塔中每位员工反馈报告的重点信息，无论对方是直属下级还是非直属下级。

我们把这种方法称为例外管理。这是什么意思呢？绩效在可接受范围内的员工不会出现在管理报告上，因为他们的工作令人满意，所以你不需要考虑他们的个人绩效问题。但是，绩效优秀的明星员工和那些难以完成目标的困难员工将出现在管理报告上。你要做的是找出管理报告中绩效范围两端的例外。显然，如果在管理报告列出所有例外情况，那将会使整份报告显得臃肿不堪，从而降低其效率。因此，我们在报告系统内置了升级方案，用以确定哪些例外情况应该向上级汇报，哪些例外情况不需要向上级汇报。

根据定制的升级规则，如果某些正向例外或负向例外反复出现，就应该将他们在报告中标记出来。我们建议的升级规则是，如果某个异常情况，如低于最低目标值／高于最高目标值，或者高于满意目标值，连续出现两个或两个以上周期，就应该报告给上司。除此之外，向上级报告的速度还取决于相关因素的权重。有些因素在出现三次连续例外之后，很快就会被人报送给上司，而有些因素的上报速度却要慢得多。

定制升级规则有其合理性。例如，某位主管可能需要时间解决客户退货问题。如果主管解决不了，就会有更多的人注意到这个问题。于是，上级就可以预先留出时间帮助他解决这个问题。如果问题继续存在，上级的上级就会得知这件事情，以此类推。如果问题很严重，而且组织中从下到上没有人能够予以解决，组织最高管理者就会得知相关情况。这很可能是系统性问题，甚至超过相关责任主管的掌控范围了。如果这个问题出现在你的管理报告中，你就知道，已经有各级员工努力尝试过想要解决它。现在，该由你参与其中，把这个问题加以解决了。

你也可以从管理报告中得到一些好消息。通常情况是，组织中的某些领导会将直属下级的优秀绩效据为己有。有了管理报告，员工绩效都是透明的。向上级报告优秀绩效的时候，做出绩效的人也就得到了确认。

计分卡需要的数据

计分卡上可能有关键因素，可能有方案指数，也可能两者都有。每个因素都有计算公式，其中涉及一个或多个变量。针对每个变量的数据都来自现有的数据系统，其中一些数据可以自动生成，而另一些数据则需要手动输入。确定每个变量的数据源之后，电脑就会使用这些数据源，用公式计算现值，并将计算结果作为关键因素现值显示在重点报告上。如果你经营的是小型公司，手工编制这三份报告是可能的。你先确定好每个变量所需要的数据源，然后定期访问该源数据，获得与各项变量相关的数据，最后计算出关键因素现值。

正如我们在第五章所讨论的那样，方案指数是基于客户对方案评价的数字。客户评价转换为数字之后，作为方案指数现值呈现在重点报告中。有关方案评价如何进行和数据如何产生的详细解释，请参考第五章图表 5-3。

编制计分卡

你可以用电子表格手动制作三份报告中的任何一个。然而，如果经营的是大公司，你可能更愿意用与数据系统相联系的软件创建这些报告。我们有一款专门为全面一致性设计的软件工具。如有需要，可以点击 www.totalalignment.com/tops，自行下载。

3. 实际应用：重新制作重点报告、反馈报告、管理报告

以案例分析中的 X 集团公司为例，我们看看填入相关信息之后的三份一页纸报告模板。企业愿景各组成要素和所有关键因素都来自 X 集团公司计分卡。这里的数据并不是来自某家真实的公司。我们在这里使用数据的目的是为了清楚地解释如何用重点报告衍生出反馈报告。下面所展示的两份报告分别属于布莱恩·斯科特和阿诺德·特纳，他们来自 X 集团公司两个完全相对的层级，前者是公司首席执行官，后者是基层员工。

重点报告

凡是有计分卡的员工都会有重点报告。在第七章，我们使用布莱恩·斯科特的计分卡作为案例，上面只有因素或项目、类型和权重等内容。现在，因为要编制重点报告，我们在表格中增加了现值、目标值和趋势等内容。布莱恩·斯科特的重点报告就这样形成了，如图表 8-4 所示。你可以将它用作模板，绘制自己的重点报告。

我们再来看看 X 集团公司另一个人的重点报告。他的名字叫阿诺德·特纳，是 X 集团公司某制造厂的领班，在职务层级上与公司首席执

第八章 一页纸报告，消除多余、低效工作

愿景要素	关键因素或方案	类型	权重	现值	最低/最高目标值	满意目标值	优秀目标值	趋势
X集团公司规模	全球销售额（单位：亿美元）	关键管理因素	20	0.85	0.9	1.2	1.4	无变化
X集团公司规模	制订计划，加强协同，提高销售额	方案管理指数	20	87	85	90	95	无变化
集团覆盖面	制订计划，扩大全球覆盖面	方案管理指数	10	80	85	90	95	无变化
为股东提供卓越价值	经济附加值（单位：亿美元）	关键成功因素	30	0.04	0.02	0.03	0.10	向好
为股东提供卓越价值	每股盈利	关键成功因素	20	30	35	40	50	无变化

图表8-4 布莱恩·斯科特的重点报告（截至6月30日）

愿景要素	关键因素或方案	类别	权重	现值	最低/最高目标值	满意目标值	优秀目标值	趋势
X集团公司规模	单位生产量	关键成功因素	35	660	450	600	750	无变化
运营效率	损耗率	关键成功因素	20	0.1	1.0	0.5	0	向好
运营效率	停机时间百分比	关键成功因素	15	2.0	4.0	1.5	1.0	无变化
为股东提供满意价值	加班百分比	关键成功因素	15	3.2	3.0	2.0	0.0	无变化
为客户提供卓越价值	产品退货率	关键成功因素	15	0.1	1.5	0.3	0	无变化

图表8-5 阿诺德·塔纳的重点报告（截至6月30日）

第八章 一页纸报告，消除多余、低效工作

好消息：已达成目标

关键成功因素	类型	现值	满意目标值	连续周期数	例外上报	趋势
经济附加值（单位：亿美元）	关键成功因素	0.04	0.03	2	董事会	向好

问题：思考创造性解决方法

关键成功因素	类型	现值	最低/最高目标值	连续周期数	例外上报	趋势
总销售额（单位：亿美元）	关键管理因素	0.85	0.9	1	无	无变化
每股盈利	关键成功因素	30	35	1	无	无变化
明确并制订计划，使业务全球覆盖面最大化	方案管理指数	80	85	1	无	无变化

图表 8-6 布莱恩·斯科特的反馈报告（截至 6 月 30 日）

行官布莱恩相隔很远。图表8-5就是他的重点报告。

从图表中可以看到，与阿诺德相关的因素涉及多个不同方面，其中一些因素值是越高越好，例如"单位生产量"；另一些因素值是越低越好，例如"损耗率"。

反馈报告

你还需要为每位提交重点报告的员工编制反馈报告。图表8-6是布莱恩的反馈报告，分为正向例外和负向例外两部分。重点报告上每一行的实际现值都已经用软件比对了各项目标值并进行了分析。如果绩效现值高于满意目标值，它就会出现在反馈报告上半部分；如果绩效现值低于最低目标值，它就会出现在反馈报告下半部分。

请注意，反馈报告应该包括例外连续出现的周期数和该例外是否向组织高层报告的情况说明。在布莱恩的反馈报告中，有一个连续两次出现例外情况的因素报告给了董事会。

阿诺德·特纳的反馈报告类似图表8-7。第六列列出了阿诺德各级上司的名字。阿诺德的顶头上司是乔·博斯科，乔向约翰·厄德曼报告，约翰向汤姆·布朗报告。在阿诺德反馈报告下半部分有一个负向例外，即"加班时间百分比"。因为该指标数值连续两个周期低于最低目标值，所以上报给了他的上司。

如你所见，同样的规则适用于正向例外情况。例如，阿诺德的"产品退货率"在连续两个周期显示的数值都高于其满意目标值，所以上报给了他的上司。阿诺德负责的另一个指标是"单位生产量"。该项指标连续6次出现在正向例外部分，也上报给了负责生产的副厂长汤姆·布朗。此外，阿诺德的"损耗率"这一指标在连续10个周期内都高于满意目标值，所以一路向上报给了首席执行官布莱恩·斯科特。

第八章 一页纸报告，消除多余、低效工作

好消息：已达成目标

关键成功因素或方案	类型	现值	满意目标值	连续周期数	例外上报	趋势
单位生产量	关键成功因素	660.00	600.00	6	汤姆·布朗	无变化
损耗率	关键成功因素	0.10	0.50	10	布莱恩·斯科特	向好
产品退货率	关键成功因素	0.10	0.30	2	乔·博斯科	无变化

问题：思考创造性解决方法

关键成功因素或方案	类型	现值	最低/最高目标值	连续周期数	例外报告对象	趋势
加班时间百分比	关键成功因素	3.2	3.0	2	乔·博斯科	无变化

图表 8-7　阿诺德·特纳的反馈报告（截至 6 月 30 日）

管理报告

管理报告收集的是职责金字塔中基层员工的正向例外和负向例外。并非所有的例外情况都会上报给上级领导,只有那些满足升级标准的例外才会向上报告。

图表 8-8 是管理报告结构。它由 4 个区域组成,4 个区域又被分为两部分,区域一和区域二是正向例外;区域三和区域四是负向例外。报告右边是直属下级的例外;报告左边是非直属下级的例外。

非直属下级上报	直属下级上报
区域一:正向 强调若干层级以下员工的卓越绩效	区域二:正向 强调并详述直属下级的卓越绩效
区域三:负向 强调若干层级以下员工的长期绩效问题	区域四:负向 强调并详述直属下级的绩效问题

图表 8-8　管理报告结构

为了帮助大家更好地理解布莱恩·斯科特的管理报告,我们先来看看图表 8-9。这是 X 集团公司的组织结构图。根据图中信息显示,布莱恩的直属下级有 8 个,其中 4 个是子公司首席执行官,另外 4 个是员工主管。

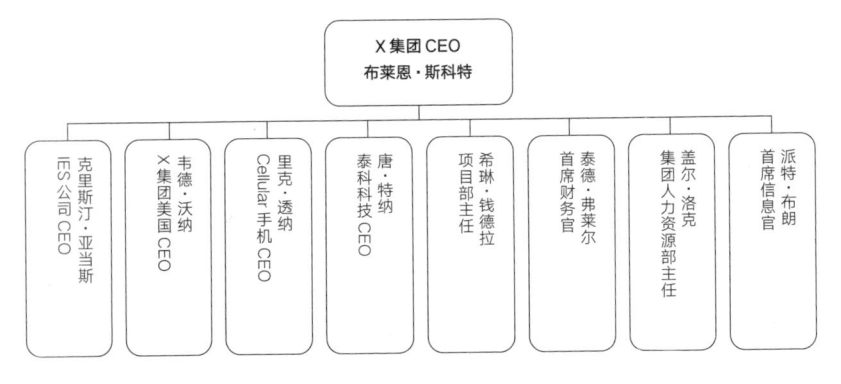

```
                    X 集团 CEO
                    布莱恩·斯科特
  ┌────────┬────────┬────────┬────────┬────────┬────────┬────────┐
克里斯汀·  韦德·沃纳  里克·透纳  唐·特纳  希琳·钱德拉  泰德·弗莱尔  盖尔·洛克  派特·布朗
亚当斯     X集团美国   Cellular  泰科科技   项目部主任   首席财务官   集团人力    首席信息官
IES公司CEO  CEO        手机CEO    CEO                              资源部主任
```

图表 8-9　X 集团公司的组织结构图

第八章 一页纸报告，消除多余、低效工作

低层级的好消息			低一层级的好消息						
姓名	关键因素或方案	连续周期数	姓名	关键因素或举措	类型	现值	满意目标值	连续周期数	趋势
约翰·戴利	对X集团公司客户满意指数	8	唐·特纳，泰科科技	经济增加值，泰科科技	关键成功因素	0.026	0.025	3	向好
阿诺德·特纳	X集团公司损耗值	10	克里斯汀·亚当斯IES公司	重复销售增长百分比	关键管理因素	25	20	5	向好

低层级的挑战			低一层级的挑战						
姓名	关键因素或方案	连续周期数	姓名	关键因素或方案	类型	现值	最低/最高目标值	连续周期数	趋势
基特·鲍尔斯	X集团公司美国东北区销售额	7	希琳·钱德拉	分析现阶段自然增长潜能	方案指数	75	85	3	无变化
托尼·罗维	客户满意指数	10	泰德·弗莱尔	建立并运行基金，为企业提供财务支持，为市场研发新产品，提供新服务	方案指数	78	85	4	向坏

图表8-10 布莱恩·斯科特的管理报告（截至6月30日）

图表8-10是布莱恩的管理报告，包含上面提到的4个区域。由直属下级报告的例外列于报告右侧。左侧显示的是明星员工和存在问题的领域，是给他的直属下级的。这些例外频繁地重复出现，符合升级规则，所以出现在首席执行官管理报告中。

X集团的组织结构图显示，布莱恩有8个直属下级，尽管如此，却只有4个人的名字出现在管理报告左侧，因为其他4个人重点报告中相关因素绩效都在期望区域内，也就是说介于最低/最高目标值和满意目标值之间。此外，即使他们的反馈报告有正向例外或负向例外，也很可能是第一次出现，所以还不会出现在这份管理报告上。

注意，约翰·戴利和阿诺德·特纳都是表现极出众的个人，理所应当受到公司首席执行官的赏识。阿诺德·特纳在他的反馈报告上看到过布莱恩的名字，这表示他的优秀绩效已经上报布莱恩。提交给布莱恩的管理报告左上区域展示了员工的优秀绩效。布莱恩应该依次调查阿诺德和约翰的状况，并给予奖励。托尼·罗维和基特·鲍尔斯显然有些长期积压的问题，需要深入调查和进一步关注。

管理报告能有效提升组织运营效率。如果管理者关注四个区域的每一个例外，并采取适当行动，这样的做法就会影响到所有员工的行为。例如，如果管理者在自己的管理报告上看到一个正向例外时，立刻拿起手机对相关负责人表示对其绩效的肯定，这样的做法就会产生积极效果，并且有利于对方继续保持优秀绩效。不仅如此，该行动还会将积极的效果传递给项目其他参与人，甚至层级相隔更远的员工，从而提高其他指标。如果管理者在自己的管理报告上看到一个负向例外，立刻开始调查其不断发生的缘由，这将帮助相关人员更加重视并解决相关问题。

本章对三份系列报告进行了完整的概述，重点关注了每位员工的职责，鼓励所有层级的员工解决跨职能部门问题，提高绩效的透明度，表扬组织中的绩效明星。

下一章预告

接下来的几章,将展示个人如何使用这三份报告提高绩效。下一章将介绍如何提高个人技能,这是分权和授权的基础。

第九章
能力一致，提高绩效水平

在我们的案例中，X集团公司人力资源主管意识到，如同计分卡的核心是员工负责的特定指标一样，能力的核心必须是与员工指标一致的特定核心技能。接下来，你将了解到，实现能力与计分卡一致这个系统性工程如何在推动组织实现愿景过程中发挥作用。

1. 案例分析

盖尔·洛克是X集团公司人力资源部主任，刚刚到芝加哥来主持会议。参会者是集团公司旗下4家子公司人力资源主管。会议目的是讨论员工的能力问题。陪同盖尔参加会议的是技术通的同事，名叫简·贝克。

到目前为止，与会人员都已经充分了解一致性项目的进展情况。X集团公司的使命和愿景既简洁清晰又鼓舞人心。每位员工都能从一致性地图中查看自己能对公司发展做出什么样的贡献。界定规范的个人计分卡确立了清晰的职责，正在实施的报告系统为每位员工及其所管理员工的绩效给予了反馈信息。他们已经各就各位，正准备利用这些进展提高绩效，而这正是企业一致性目的所在。

简解释说，对绩效影响最大的因素是能力。提高绩效意味着提高重点报告中各项因素的数值。为此，每位员工都需要提高与其计分卡要求相一致的技能水平。她提醒大家说，能力提高以后，绩效也就提高了。反之则未必。绩效提高并不意味着能力提高了，因为与绩效相关的还有其他影响因素，例如环境变化、他人行为或者币值波动之类的外界因素等。

提高能力首先需要明确所需技能有哪些，然后评估各项技能的能力等级，接着再实施计划提高这些技能。每位员工都需要做这件事，而在这个过程中，人力资源经理要为他们提供支持。简向整个团队描述了如何在组织中开始并优化提高能力的相关流程。

2. 一致性规划：制定标准，衡量员工能力

员工能力是公司成功的重要因素。聘请管理人员或其他工作人员时，你肯定会选择最有能力的应聘者。那么标准是什么？教育水平、工作经历、生活态度可能是首先考虑的因素。但是，在聘用之后，你能肯定地说他们能力出众吗？实际上，我们应该重新定义这个说法，因为问一个人能力是否出众本身就是令人困惑的。问题应该是："他们在哪些领域里能力出众呢？"例如，某位员工可能在使用 Excel 表格方面得心应手，但是在开展市场活动方面却束手无策。那么，在招聘有技术要求的工作人员时，你会用什么标准判断一个人是否具有很高的能力呢？我们建议参考以下几个方面：

第九章 能力一致，提高绩效水平

- 员工能否快速高效地运用工作所需要的技能？
- 员工能否（在不利环境中）保证质量和速度？
- 员工能否在使用技能时用最小的努力得到最好的绩效？
- 员工能否在没有监督的状态下，独立而高效地使用技能？

员工常常很重视自己的个人简历，他们可能在先前公司的绩效很优秀，在你的公司却绩效平平。对于这样的员工，该如何提高他们的绩效？派他们参加各种主题的重要课程仍然是不够的。**要想提高绩效，能力必须与计分卡保持一致**。为此，你应该帮助员工明确各自工作所需的技能，帮助他们评估所需技能的能力水平，并支持他们提高能力的各项计划。这正是本书与能力有关的解决方案。

确定所需技能

在研究计分卡时，思考需要重复哪些行为，才能将所承担的指标提升至优秀级别，然后将这些行动组织起来，按逻辑关系将它们分成若干小组，并给每个小组取个标题。小组标题能用来明确相关技能，重复实施的措施是技能的描述符。我们举个例子。如果你在人力资源部工作，工作内容是面试求职者，你的计分卡就有一个因素是"面试成功率"。与该因素有关的重复行动包括以下内容：

- 分析应试者的个人简历。
- 构想相关问题。
- 营造轻松的面试环境。
- 识别应试者的能力。
- 明确应试者是否能融入公司文化。
- 解释清楚岗位要求。

上面提到的信息就是一整套技能的描述符。你可以将这套技能称为"面试技能"。作为面试官，如果你使用这些技能，你就更有可能找到合适的人才。使用这些描述符之后，你所取得的部分结果可能如下所示：

◆ 你分析了应试者的个人简历，并确认该应试者的背景和经历是否符合工作要求。

◆ 你询问了相关问题，更好地理解了应试者的简历。

◆ 你成功营造了能帮助应试者展示真实自我的氛围。

◆ 你确认了应试者的才能，确信对方能够适应公司文化。

◆ 你清楚地解释了工作需求。

◆ 使用这套描述符获得以上结果，能向应试者传递准确信息，是供其决定是否接受工作邀请的基础。提高"面试技能"能力有助于你提高重点报告中"面试成功率"这项指标。

评估技能

技能评估的方法有很多，其中很多效果都很好。我们建议使用简单高效的方法。该方法基于"努力"和"监督"两个变量。如果某个员工能够以低于行业标准的努力程度和最小的监督力度按质完成任务，就说明该员工完全掌握了这项技能；反过来看，如果某位员工需要付出大量的努力，并且需要高度的监管才能按质完成任务，就说明该员工的能力还处于低级水平。

"努力程度"和"监督力度"的评估标准可参考图表9-1模板。评估时，员工的努力程度依次分为很高、高、中、低4个等级，监督力度分为连续、高频、偶尔、从不4个等级。监督力度衡量员工需要的监管而不是受到的监管，因为员工需要的监管可能没有得到，而他受到的监

第九章　能力一致，提高绩效水平　　　　　　　　　　　　　　　　125

管很可能并不是他需要的。

　　下表列出两类需要回答的问题。在每个类别方框内打钩，然后在表格底部勾选与评估结构相对应的方框。例如，如果对"努力程度"评价为高，对"监督力度"评价也是高，就查看表中方框 L1 的内容。

姓　　名：_____ 主管姓名：_____ 评估时间：_____		关键技能
A	努力程度	勾选
1	与行业标准执行者相比，直属下级必须在这项技能上付出双倍努力，才能取得同意令人满意的结果	□很高
2	直属下级必须比标准执行者更努力地工作，才能取得同样令人满意的结果	□高
3	直属下级必须和标准执行者同样努力，才能取得同样令人满意的结果	□中
4	直属下级用比标准执行者更少的努力就可取得同样令人满意的结果	□低
B	监督力度	勾选
1	直属下级必须与我或专家核对，以确保每一步都能高质量地完成	□连续
2	直属下级需要我或专家来审查主要步骤	□高频
3	直属下级遇到非同寻常情况时，偶尔需要我或专家帮助	□偶尔
4	直属下级能想出解决办法，不需要我的指导	□从不
技能评估 使用图表9-2的能力评价表来评估关键技能方面的能力		□L1
		□L2
		□L3
		□L4

图表9-1　能力测评表

在表格中，以下能力范围分别对应员工某项特定技能的4个等级：

L1 能力水平较低。

L2 能力水平低。

L3 能力水平中等。

L4 能力水平较高。

尽管这种评价方法是主观的，但它对于能力评估却是非常有用的，与我们在第六章讨论职责时所使用的授权过程是一致的。在授权时你当然希望工作能够得到有效完成，而且不用亲自监督。因此，你更愿意授权给能以较少精力工作并且无须你监督的员工。这类员工的技能水平属于L4等级。为了提高评估的客观性、提升一致性和增加所有权意识，员工先进行自评，再接受上级评估，然后，员工与上级再一起讨论，以便更好地了解对方并达成一致意见。

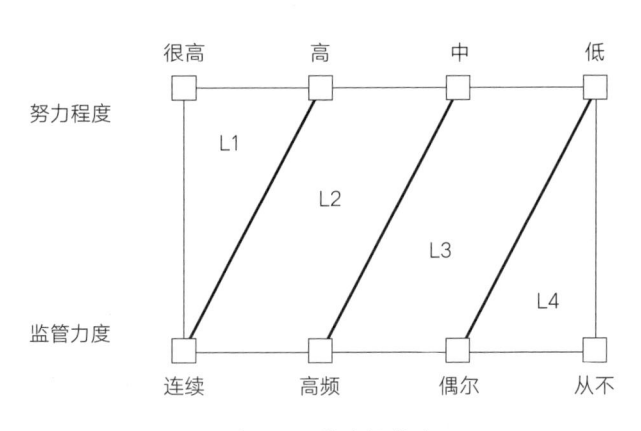

图表9-2 能力评价表

在你和直属下级开展有关其技能水平的对话时，图表9-2可以为你们提供视觉指导。先将图表9-1A部分和B部分的评估结果分别作为图表9-2顶部和底部的两个基点，然后连接两个点就可以确定大多数

第九章 能力一致，提高绩效水平

线段所处的区域。这样一来，你和直属下级便能就他的能力水平达成一致意见。如果你们都认为他的努力程度介于中等和较高之间，而他需要的监督力度属于频繁等级，由此构成的技能水平图就表示他的能力处于L2所在的区域。

大多数情况下，如果员工的努力程度高，他需要的监督力度也更高。然而，也会出现努力程度很高而监督力度很低的情况，这时的线段就会跨越不同区域。出现这类情况时，你就需要和上级好好谈谈，共同达成一致的基准线。L4和L3的情况很少出现，因为当你需要付出巨大努力时，你便不太可能具有超强能力。对于监管而言，如果你确实需要监管，而你的上级却没有能够提供，你的技能水平就是L2，甚或是L1。图表9-2为谈话提供了框架，可以作为确定员工能力水平的指南。

正如上面谈到的，评估监督力度是基于员工所需要的监管，而不是他所受到的监管。有些管理者错误地连续监管那些只需要偶尔监管的合作者；有些管理者却不提供合作者需要的监管。这也应该成为谈话一部分。

有两个要点需要记住。首先，你只是评估员工的某项技能水平。一个人可能在某项技能方面能力高超，却在另一项技能方面乏善可陈。你需要始终牢记，你评估的是技能而不是员工个人。

其次，评估能力的目的是为了提高能力。千万不要落入圈套，花太多时间判断自己的能力水平。根据我们的经验，有些人总是太过于强调自己的现状，而不是建立一条基准线，以供能力提高做参照。评估能力并不是精密的科学，而只是提供某种视角的有价值的参照点。重要的是，在基准线上，下级要与上级达成一致，并能够实施高效的计划提高自身的技能水平。

提升能力水平

提升能力是通过员工及其上级以及人力资源部之间三方合作增加效

益的。就像职责一样，重要的是明确谁会对能力提升产生直接影响力，谁是产生不可替代影响力的利益相关者。

产生最大直接影响力的人是员工自身。除非员工能够掌握其自我提升的主权，否则他的能力就不可能得到提高。作为个人，员工必须从主观上想要提升能力并且保证能做好。这意味着你必须制订并执行一份能力提升计划。

能够帮助你制订能力提升计划的人是上级或主管。除了提供想法之外，上级还能通过强调工作的高能力要求产生不可替代的影响力。上级可以从组织中选取技能水平比你强的人做你的导师。他还能批准预算，让你参加额外的培训。

对员工能力提升产生不可替代的影响力的第三方合作者是人力资源部。许多公司人力资源部都掌管员工培训和员工发展等相关事务。他们可以联系课程，用来帮助员工加强学习某项技能。你的能力提升计划可以包括人力资源部正在开展的课程和你需要且人力资源部可以专门为你定制或者专门为你聘请外部培训师来安排的课程。

在第十二章，上级和直属下级之间将进行一对一谈话，其中就会涉及提升能力的话题。在这个谈话中，会有一部分时间预留出来，其目的是为了就能力提升计划达成一致意见，并在不断变化的基础上跟进该计划。正是在这一小段时间里，双方谈话后确定，人力资源部将在技能培训和个人发展方面为员工提供怎样的帮助。

3. 实际应用：创建能力提升工作量表

员工有了个人计分卡之后，你需要要求每位员工将本章提及的概念应用到计分卡最重要的关键成功因素上，也就是那些获得最高权重的因素。与提高这些因素相关的技能就是核心技能。让我们看看它是如何运作的。

确定核心技能

首先，针对最重要的关键成功因素确定核心技能。下面是我们建议的方法。提出问题："什么行为会改变关键成功因素的现值？"一个好的做法是，让负责相同因素的两位员工或员工个人与上级开展头脑风暴。通常情况下，他们提供的答案可以列出很长的清单。例如，如果销售员负责的指标是"客户满意度"，针对他的问题就是："什么行为能提高客户满意度？"头脑风暴产生的答案列表可能如下所示：

- ◆ 确保产品能满足客户需求。
- ◆ 向客户解释产品的特征。
- ◆ 向客户清晰传达售后服务。
- ◆ 倾听客户的需求。
- ◆ 及时回复客户的请求。
- ◆ 告诉客户实情。
- ◆ 只承诺自己能够做到的事情。
- ◆ 礼貌回应客户的拒绝。
- ◆ 提高客户所购买产品的质量。
- ◆ 为客户降低价格。
- ◆ 提高客户获取产品的便利程度。
- ◆ 确保及时将产品送到客户手中。

这份清单上列举的项目很多，但并不是所有项目都能掌握在销售员手中。例如，销售员不能提高产品质量、降低产品价格或者让客户更便捷地获得产品。在列举出相关项目之后，员工应该确定哪些重复性行为是自己能够掌控的。仔细察看上述清单之后，我们可以发现以下行为是可重复的并且是在销售员掌控之内：

- ◆ 向客户解释产品的特征。
- ◆ 向客户清晰传达售后服务。
- ◆ 倾听客户的需求。
- ◆ 及时回复客户的请求。
- ◆ 告诉客户实情。
- ◆ 只承诺自己能够做到的事情。
- ◆ 礼貌回应客户的拒绝。

与这份清单相关的主题便是你所需核心技能的标题。你可以称之为"提高客户满意度的技能"。

评估与提升能力

明确了关键技能及其描述符之后，为了评估并提升核心技能水平，需要采取一些额外的步骤。具体情况如下：

- ◆ 通过使用图表9-1"努力程度"和"监督力度"两个变量，员工及其上司分别对他的每项技能水平进行评估。然后，他们再对比评估结果，讨论其差异，继而运用图表9-3的能力工作表，共同商定基准线。工作表包括员工将被评估的所有关键技能，同时显示了上司的评估结果和员工的自评结果。

- ◆ 员工自己制订能力提升计划，然后得到上司的同意和支持。该计划也很可能包括人力资源部的支持。对能力提升过程的考核将采用第十二章所描述的一对一谈话。

图表9-3工作表可以用来促进交流，并帮助上级及其合作者达成

共识。

关键技能	评估		商定的水平标准	完善计划	截止日期
	员工	上司			

图表 9-3　员工能力工作表

有关个人发展的对话举例

我们来看一个例子。销售经理和销售员正在就其能力发展问题对话。进行有关个人发展的对话本身就是需要能力的技能。我们先来看看针对这项技能的描述符：

◆ 让对方放松，并对他们的话语做出迅速反应。

◆ 促进评估结果中差距的缩小。

◆ 鼓励员工主导自身发展。

◆ 注重发展需求。

◆ 支持员工发展。

◆ 传达对能力提升的期望。

销售主管阿曼达正在与销售员托尼进行谈话。托尼对自己有很高的评价，但其绩效却不尽如人意。这一直都令阿曼达感到棘手。每次打完销售电话之后，托尼都会告诉阿曼达说他的工作完成得多么出色，客户对他的展示有多么满意。但实际上，他的销售量却非常低。过去几个月以来，尽管阿曼达与托尼密切合作，而且她的帮助也有效地提高了托尼的绩效，但是托尼却把绩效的提高完全归功于他自己的努力。

阿曼达和托尼一致同意，托尼的关键成功因素"销售额"需要的核心技能是资质、写作、展示、签单。阿曼达采用图表9-1的问卷调查评估了托尼的技能水平，其结果如下所示：

◆ 资质：L2
◆ 写作：L1
◆ 展示：L3
◆ 签单：L1

可是，托尼对各项能力的自评结果都是L4。下面是托尼和阿曼达的对话。

阿曼达问："托尼，你现在可以再看看我对你的技能评估结果。你对此有什么想法？"

托尼说："我认为我完全掌握了我们所讨论的技能。如果你需要证据，看看我上个月的销售情况，结果一目了然。我的销售收益比其他员工的收益都高。我为什么需要提升能力？如果你让我自由发挥，我可以做得更好。"

"嗯，好的。让我们先比较你的自评结果和我对你的评估结果。"阿曼达回应道，"你对自己写作能力的评估结果是多少？"

托尼回答说："L4。"

"好吧。我给你的评估结果是L1。"阿曼达说，"这说明我们的意见是不一致的。那么，让我们试试看，相互理解对方的观点。为什么你会认为自己是个擅长写作的人？"

第九章 能力一致，提高绩效水平

托尼说："嗯。因为从来没有人对我写给他们的信件提出过任何抱怨，我自己也对我的信件感到很满意。"

阿曼达说："好的。我来说说为什么我给你的写作能力评为L1。写作技能需要做到的是结构好，语法好，语言简洁，并且重点突出。你每次都要花费大量时间构思销售信件。我看见你在电脑前一坐就是好几小时。即便这样，我还不得不在信件发出之前对它们进行修改。因为你在这方面付出了这么多的努力，而我又需要不停地指导你的写作，所有我认为你的写作技能是L1。"

托尼看着简给大家发的能力水平图表，思考着上司对他所说的话，他意识到阿曼达是对的。

"我希望你把写作技能提升到不费一点力气就能写一篇好文章的水平，而且我希望看到你写的信件不再需要我的任何修改。如果你达成这两个目标，你的写作能力就是L4。"

"托尼，我对这种方法的理解是，这样做的目的不是评估你个人，而是根据你目前的能力水平建立基准线，这样我们才能共同努力提升你的能力。为此，我们需要计划，帮助你提升写作技能，你有什么想法吗？"

托尼没有告诉阿曼达的是他勉强大学毕业。对托尼来说，英语是尤其难学的。托尼开始向阿曼达说起他曾经如何就自己的学习成绩与老师们争论不休。最后，托尼说："也许我需要上商务写作课。"

阿曼达对此表示支持。她还告诉托尼，如果他去夜校学习如何提升写作技能的话，公司将为他支付相关费用。之后，阿曼达和托尼一起开始了提升写作技能的过程。

在公司推动能力提升过程

我们在上面提供的指导将帮助你在公司开始能力提升过程。然而，开始能力提升过程的最佳时间是在确定好计分卡并且已经用报告系统向员工发送反馈信息的时候。这样一来，他们就可以跟踪能力提升计划是如何运作的，又是如何影响重点报告中各项指标结果的。在第十二章，你将学到能力提升过程如何成为管理者日常管理的一部分。

下一章预告

下一章将介绍核心价值观。你可以暂时将注意力从指标和绩效中转移出来。我们已经对衡量和评估给予相当多的关注。这些都是一致性规划过程的重要部分。但是，仅有这些度量指标还不足以推动组织朝你所期待的方向前进。虽然第十章并没有直接强调绩效，但是它的间接影响也具有重大意义。在第十一章，将重新聚焦记分卡的绩效情况。

第十章
价值观一致，改进精准行为

虽然 X 集团管理团队一心想要将各项指标分配到每个团队成员身上，但布莱恩清楚地知道，确保这些指标与公司核心价值观一致才是最重要的。接下来，你将了解到，如何确立核心价值观，以及如何将其转化为精准行为，用以在员工努力提高计分卡上绩效的同时塑造其日常行为。

1. 案例分析

几个月前，在芝加哥召开的行业会议上，布莱恩向众人发表主题演讲时，一位年轻的女士曾向他提问，如何对新并购的创业公司与集团公司原有子公司之间进行文化上的整合。布莱恩当时给出了回答，但后来又对她的问题进行了反复思考。X 集团公司是通过并购方式达到当前规模的，而泰科科技是他收购的第一家创业公司。他在收购泰科科技之前，了解其企业文化吗？或者了解过其他已并购公司的文化吗？布莱恩意识到，文化是广泛且影响深远的话题。但是，对他们而言，有没有机会通过探讨文化问题来了解其公司文化呢？布莱恩的梦想是创立"X集团模式"，也就是在X集团公司形成独特的、有辨识度的企业文化。他决定与技术通一同商讨此事，于是发消息邀请他共进早餐。

两人一见面，布莱恩就道出了他的想法。他希望现有的和将来成立的每个公司都能保持其文化的积极方面，他也希望各个公司之间有共同的语言和文化。技术通告诉布莱恩说，他们目前所推介的一致性流程其实就有助于建立他想要的共同语言和文化。他举了一些例子。例如，将企业决策推向基层的问责程序；在角色分工基础上的明确合作；聚焦关键少数因素或项目并努力完成；给予和接受反馈等，这些制度或做法都已经成为X集团公司企业文化的鲜明特色。不过，他们还有机会对正在进行的一致性流程加以完善，并使之对树立集团文化产生重大影响。这个机会就是重新审视X集团公司的核心价值观，甚至还可能要重新定义价值观，优先考虑价值观问题，并实现员工行为与公司价值观一致。

布莱恩很认同重新审视公司核心价值观这一观点，甚至能够预见到这样做将产生的积极影响。他知道这一举措也许会受到那些数字至上的高管们的阻挠，但他更注重统一文化的关键性。于是，他邀请高层管理团队与技术通一起，在他的行政会议室讨论了一整天。

团队成员全部到齐之后，技术通开门见山地介绍了行为和价值观的定义。行为即一个人所说的话和所做的事，不断重复的行为就是习惯性行为。价值观是通过习惯性行为形成的公司独有特征。有了大家对定义的理解与赞成后，技术通请他们回想一下自己的工作环境，并将他们的习惯性行为分成两类，即对公司成功产生积极影响的行为和对公司成功产生消极影响的行为。经过商讨之后，团队成员就此问题得出了一致性看法，具体情况如图表10-1所示。

随后，技术通要求每个人以匿名方式评估自己每天所感受到的积极行为的程度。他们为每项行为匹配 0 到 10 之间的分数,然后提取这个数字并将之转换为百分数。当他们把每个人的打分综合起来时,他们得出的结果是 60%。尽管分析是主观的,但也能体现集团公司高层管理人员的看法,因此是有价值的。了解到积极行为的比例之后,高管们意识到集团还有 40% 的行为被认为是消极的。这就给在场的人提供了继续努力的动力。

技术通解释说,他们要先确立 X 集团公司核心价值观,然后确保员工行为能够反映价值观。技术通和他们梳理了整个流程,首先就核心价值观进行了探讨,在对核心价值观再三确认之后,观察价值观对行为的影响,最后再考虑如何达成个人行为与价值观之间的一致。

有助于公司成功的行为	不利于公司成功的行为
以开放态度回应新思想	关注负面
合作	行为戒备
承担责任	表现冷漠
履行承诺	给公司带来恐慌
持之以恒	隐瞒事实
依据事实做决定	保护地盘
反思自己的行为并从中学习	造成分裂

表 10-1　行为对成功的影响

2. 一致性规划:用价值观改变行为

下面将介绍有关行为改变的流程,你可以将之用于自己的公司中。这一流程对于小型或大型公司都适用。它首先界定作为公司独有特征的价值观是什么。公司的价值观、使命和愿景都会成为引领公司在未来几年得以增长和发展的关键因素。

改变行为的流程

行为是可见的，是能给他人带来影响的。那么，是否有这样的可能，某些行为在产生绩效同时，却给公司文化和客户基础带来负面影响，甚至有些行为本身就是违法的？答案是肯定的。新闻中有大量这样的例子，从各大银行滥用客户权利到汽车制造商向消费者隐瞒真相，再到公司非法抄袭对手公司等，不一而足。我们可以想象一下，当这些行为被曝光时，公司需要付出怎样的代价。例如，一家大型汽车制造商向公众错误地表述了其产品的某个重要特征，因而不得不做出147亿美元的赔偿。这一代价还不包括对其公司形象造成的负面影响，这无疑会给公司产品的未来销售带来负面影响。许多公司很可能会因为这样的代价而破产。

显然，无论是对于跨国公司还是地方公司来说，避免这类情况发生都是公司的首要任务。任何人都不得做出给公司带来负面影响的行为。你可能想分析一下，公司高管团队或其他人对他们所见到的行为持有怎样的看法。我们开发了一个流程，可以用来帮助你避免负面行为的出现并促进正面行为的产生。当然，这一切的出发点在于核心价值观。

以下是该流程的4个步骤：

1. 确立企业／公司的核心价值观。
2. 确立与核心价值观一致的精准行为。
3. 改变自身行为。
4. 促进他人行为的改变。

下面对这4个步骤进行逐一检查，并探讨如何将它们用于自己的公司。

确立核心价值观

行为改变流程的第一步是确立核心价值观，也就是公司所有员工、各级管理人员和负责人能够欣然接受的价值观。你可以与公司高层进行头脑风暴，或从我们提供的列表中选择部分内容，或直接以此列表作为指导方针。以下是 X 集团公司向其员工传达的价值观：

◆ 诚信。公司每个员工都应诚信行事，以赢得他人信任。只有这样，客户、员工和股东才会信任公司。所谓诚信就是尽自己最大努力去完成工作，做到诚实、守信、公平、正直坦诚，不利用他人。

◆ 服务至上。这是为客户带来额外价值的态度。要求设身处地地考虑客户的难处，提供超出他们预期的服务，并且时刻保持礼貌。达到目的最重要，所以必须表里如一地关心客户。

◆ 质量意识。预估客户对产品或服务的期望，将其期望转化为具体规格的产品或服务，并确保每次所提供产品或服务的规格都能百分之百地符合客户预期。

◆ 尊重他人。发自内心地尊重周围的人，公平对待每个人，不带偏见。

◆ 虚心学习。"保持学习状态"，对新思想抱以开放的心态，时刻保持谦逊的态度，不要自以为"无所不知"。同时，"虚心学习"这一价值观也鼓励每个人去创新和冒险，而且不要害怕失败或惩罚。

这些价值观可以指引公司员工的行为，对公司与客户之间的关系具有重大影响。行为与价值观一致将成为公司最大的竞争优势。

确立精准行为

那么，如何做到行为与核心价值观"一致"呢？如何确定某人的行为与公司核心价值观是否一致，比如，如何确定员工行为与"诚信"这一价值观相一致呢？你不仅可以从整体上观察他们的行为，还可以通过观察员工的具体行为来证实其可信度。我们把这些具体行为称为精准行为。顾名思义，精准行为是具体的、可观察的、经得起检验的。比如，"在承诺日期内完成计划"就是与诚信一致的精准行为。

改变自身行为

谁都不能说自己的行为与其价值观是完全一致的，但每个人都可以付出真正努力去改进自己的行为，提高其行为与价值观之间一致性程度。我们都可以比对公司的价值观，找出哪些可能与之不一致的行为，然后努力加以改变。改变行为会有些困难，需要下定决心，严于律己，持之以恒。

当你决心改变行为时，就走在了自我提升的道路上。为了帮助你继续走下去，你需要收集反馈信息，看看自己有了什么样的改变或者是否有所改变。从可靠的而且正在观察你的人身上获得反馈是最好的方法，朋友、同事或家人都可以。然而，在工作环境中，提供这种反馈可能对很多人来说有些困难，不过这种反馈可以让你有机会意识到自己的进步，并对自己的进步提供自我反馈。努力会带来积极的变化，公司的人都会注意到。

推动他人行为的改变

关于如何激发和鼓励他人做出理想行为，许多有关行为管理的书籍已经提供了相应的准则。这些方法可能有效，但也许会有人将之视为对他们的操控。促使他人改变的最好方法是给他们树立可以追随的榜样。你可以作为榜样做出理想行为，激励员工和同事效仿你。

第十章 价值观一致，改进精准行为

上述4个步骤旨在帮助公司高管团队规划其行为，使之与核心价值观达成并保持一致。你可以在管理团队会议中执行第一步和第二步。然后，高管团队的每个人做好第三步。高管人员第三步的成功与否将决定他们第四步的效果，也将决定公司能否在大家努力下实现行为与价值观一致的文化转型。重要的是，无论公司大小，都不要低估榜样的力量。人们往往会以领导者为榜样，观察和效仿他们的行为。

3. 实际应用：绘制价值行为树

要想将本章的概念应用到工作中，我们建议你召集团队成员一起践行上述步骤。首先，确定哪些行为会给公司带来积极影响，哪些行为会带来消极影响，然后进行秘密评估。X集团公司的消极行为占40%的比例，希望你们的结果要比他们好得多。无论结果如何，此次评估都会激励员工更加注重行为和价值观。

接下来，按照上述4个步骤进行。前两个步骤的结果就是公司核心价值观的定义。比较有益的做法是，就行为而言，给出核心价值观具体是什么样子的完整定义，不是口头上说说"还不错"这样的废话，而是具体的行为指导方针。请记住，精准行为应该是可衡量的、可观察的和可验证的。

确立好所需的价值观和精准行为之后，最好将其绘制成价值行为树，类似愿景树。基于X集团公司的价值观，图表10-2给出了绘制价值行为树的范例。该树阐明了价值观的目的，提供了有用的框架，可以用来确定价值观是否得到重视。

在此案例分析中，X集团公司提出了5个核心价值观。专注少部分核心价值观并不意味着其他价值观不重要，而是只有关键少数才能被称为核心。我们来看看此树的分枝，选取"诚信"这一价值观为例。X集

团公司认为这一价值观包含了"诚实、公平和守信"三个概念。以下是他们为每个概念确定的精准行为:

诚实
→不提供误导信息。
→不隐瞒任何信息。
→基于事实做决定。
→提供正确的信息。

公平
→不占他人便宜。
→承认他人价值。
→给竞争对手应得的赞扬。
→不因种族、地位或受教育水平歧视他人。

守信
→完成商定目标。
→按时履行承诺。
→持之以恒,恪守对公司的承诺。

图表 10-2 对其他价值观也做了类似说明。我们建议你用公司的价值观和与之一致的精准行为,绘制自己的价值观行为树。

行为改变的范例

下面的例子讲述了 X 集团公司是如何进行行为改变的。公司的希琳和安德鲁两位主管研究了图表 10-2 中的价值行为树,确定了他们需要改进的一些行为。

第十章　价值观一致，改进精准行为

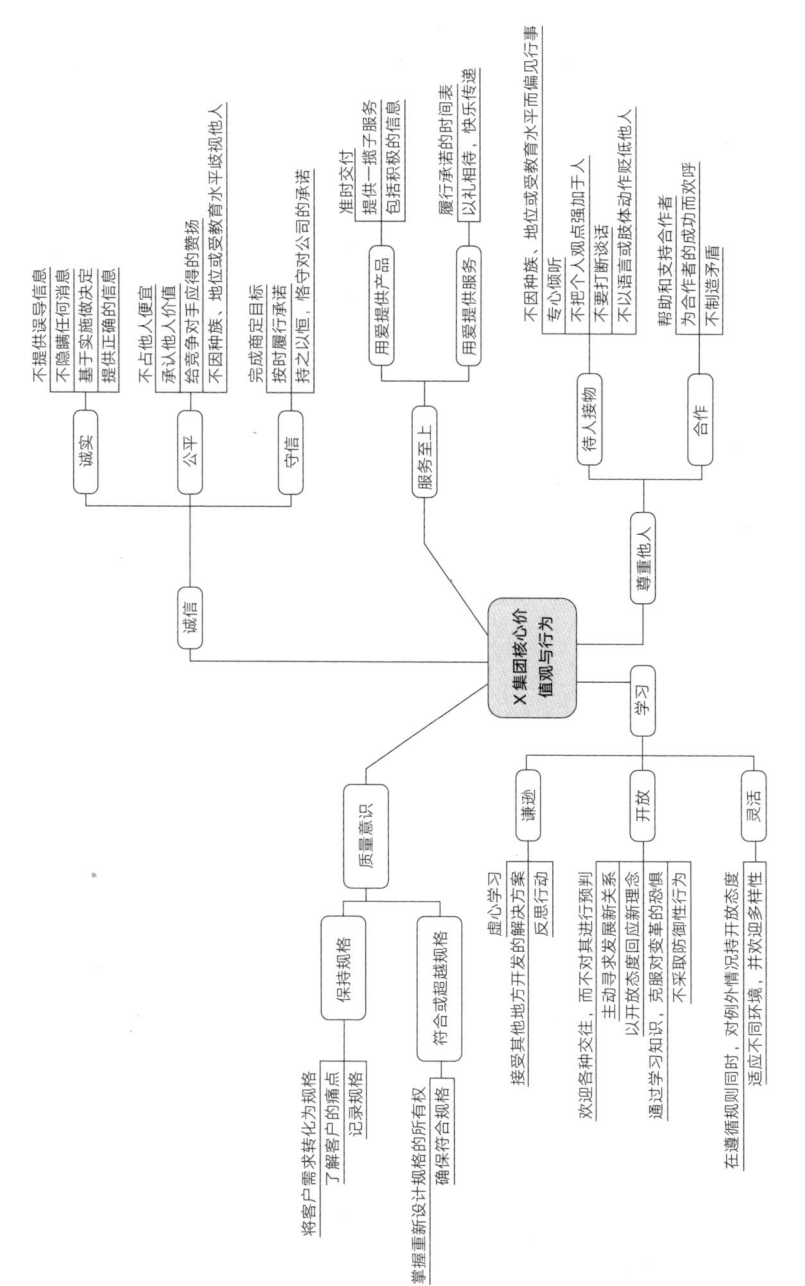

图表 10-2　价值观行为树

他们决定每周举行一次晚餐会议,帮助对方达成行为与价值观一致,探讨能够支持并鼓励彼此努力的方法。希琳对服务的"目标"这一想法非常感兴趣。她认为,与客户建立更深层次的联系并关心他们的需求,会使得服务这一理念更充实,更有意义。

他们决定设立基金,做出与积极行为不符之事时,存入5美元;表现符合预期时,从基金里提取5美元。

随后几周,希琳和安德鲁多次在同一地方办公。他们互相观察对方的行为,记录两人做出预期行为的次数。对方不在时,各自记录总结自己的行为,以便在每周晚餐会议上进行回顾。因为他们常犯老毛病,所以基金里的钱越来越多,但希琳和安德鲁仍在不断地努力完善自我。

在接下来几周里,他们开心地共进晚餐,一起外出郊游。突然,情况发生了转变,基金里的钱越来越少了,但他们并没有因此终止共进晚餐。大家开始注意到他们行为的变化,其中也包括安德鲁的上司。他们的服务理念、诚信态度和对质量的保证赢得了同行的高度尊敬。

此例中的某些方面适用任何人。例如,从价值行为树中选一项需要改进的行为,然后找信赖的人给你提供反馈。最后分析发现,努力自我完善会使自身行为更符合公司价值观。与以上例子类似的支持系统可以帮助你坚持到底。

下一章预告

在随后几章中,主题将回到计分卡和如何提高绩效。下一章将讨论的是,员工如何在同部门队友和跨部门同事的帮助下,提高计分卡的绩效结果。

第十一章
绩效一致，增进合作

X集团公司高管们发现，他们传统的月度绩效会议效率低下，需要改进。接下来，我们将介绍召开月度会议的新方法，用以帮助公司各阶层员工提高计分卡上的绩效。

1. 案例分析

布莱恩正在召开月度绩效会议。此前，他已经邀请技术通马克前来旁听，观察，提供会议反馈信息和如何加以改进的建议。他最关心会议时间的长短问题，也不确定会议能否充分利用时间。

会议开始，布莱恩先分享了影响X集团公司业务的制度调整。他谈到了潜在的机遇和挑战，讨论了本月的优先事项，然后请主管汇报前段时间各自工作区域内取得的进展。每个人都做了详细的报告，用幻灯片形式将图表、曲线图和统计数据与前一年的绩效和目标绩效进行了比较。一些幻灯片很快略过，一些解释得很详细。布莱恩几位直属下级的工作汇报花费相当长的时间。

会议结束后，布莱恩和技术通马克聚到一起进行工作汇总。技术通马克说，高层管理人员在汇报其区域内的工作时，没有利用好宝贵的时间。在场的人不需要知道报告的所有细节，许多人听演讲时都"走神"了。此次会议未能达成统一的行动计划，也几乎没有相互探讨，演讲内容大部分都集中在过去。

技术通马克介绍了提高会议效率的新方法。与其把重心放在听团队成员演讲和看大量已知数据上，为什么不变通一下？会议为什么不向上聚焦，着眼未来呢？重点关注的应该是布莱恩的计分卡以及如何提高其分数，而不是每个直属下级的计分卡。要知道，即使提及过去，也是为了获得进行分析所需要的数据，以便为美好未来制订计划。

这就是说，他们要做的事情不是回顾管理团队 8 个成员各自的计分卡，而是只要看布莱恩一个人的计分卡就可以了。这样就可以引导大家把精力集中在提高团队负责人的绩效上，整个团队也就从被动的观察者转变为积极的参会者，团队就会更加有活力，大家的创意和经验也会有助于行动计划的制订。

假如布莱恩采取这个方法的话，他会受益良多。但同时，也会错过两类信息，幸好，这些信息还可以利用其他渠道获取。第一，他或许不能对每个团队成员的绩效进行审查。想要获得这类信息，更好的做法是和直属下级进行一对一会谈。第二，团队成员或许不能听到其他成员工作领域的重要信息。为此，最好在安排团队会议议题时专门留出一小段时间，让大家能够简短地共享对其他团队成员来说非常重要的相关信息。

2. 一致性规划：审查团队绩效、审查结果、制订行动计划

各种规模的公司都会召开绩效审查会议，以此观察公司的财务状况和经营绩效，以及"了解现实"。不幸的是，会议上大量时间都浪费在对过去的详细汇报上。我们建议，会议的重心应该从回顾过去转变为展望未来，从审查每个团队成员的计分卡转变为只看领导者一个人的计分卡。实际上就是整个团队一起审查领导者的重点报告和反馈报告，其目的是制订行动计划，从而提高领导绩效。此外，团队定期审查领导者的管理报告，也是为了确保数据和目标质量，找出优秀的计划执行者。审查与沟通能确保行动不出偏差。

向上聚焦的团队

对许多公司来说，团队成员一起审查领导者重点报告、共同合作提高领导绩效的做法是巨大的改变。因为惯常的做法是，直属下级在完成前段工作之后要向上级和所在小组汇报，而这种做法与我们的建议恰恰相反。审查领导者重点报告，不仅是为了让团队成员知晓已发生的事情，更是为了使团队成员参与解决问题，制订行动计划，从而提高绩效。图表 11-1 示意图传达的正是这一理念，即向上聚焦会使环环相扣的自然工作组受益。

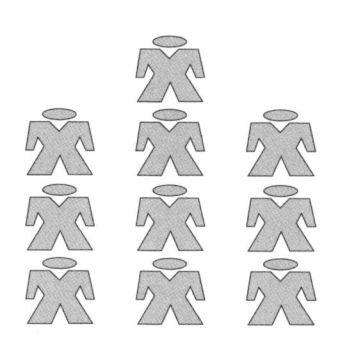

图表 11-1　向上聚焦的团队

实施这种方法的流程就是"团队评审流程"。该流程以自然工作组的向上聚焦会议开始，制订可以提高绩效的行动计划，按照计划采取行动，团队成员随后再一起反思，学习，修改计划。我们把这种会议称为"团队评审"。

这一流程先从公司基层开始，由主管所在的自然工作团队帮助提高主管绩效。之后是各位主管帮助其经理提高计分卡绩效，以此类推。这样一来，每个人都能得到其直属下级的创意和支持，从而将各自负责的指标绩效提高到优秀水平。

团队评审运作

坚定而积极的运作方式将大大提高团队评审的效率。团队评审有4个重点部分：文化、绩效、发展和协同。

文化

对公司文化某一方面的评审有助于团队成员更深入地了解公司核心价值观和预期行为。评审会议之前，团队负责人提前选出一项价值观，帮助大家探讨该价值观的意义以及与之一致的行为。然后，小组成员共同讨论价值观如何影响绩效。举例来说，可以选择"诚信"这一价值观，与之一致的精准行为就是"按时履行承诺"。团队成员就此话题交换意见，考察该行为如何影响团队绩效，又如何影响客户的价值主张。

绩效

团队的主要关注点应该放在领导者计分卡所体现出来的绩效上，也就是致力于提高领导者计分卡（重点报告）上各项因素的现值。我们的目标是将所有关键因素和方案指标都提升到优秀水平。参加团队评审的人除了团队内部成员之外，可能还有其他与这些因素有直接关系的人。这些人是谁呢？这取决于团队选择了领导者重点报告中哪项因素制订行动计划。如果选择的是关键成功因素，受邀请的其他人员就是关键因素承担者。如果所选择的是关键管理因素，邀请的其他人员就是关键影响

第十一章 绩效一致，增进合作

力管理因素承担者。（第六章详细讲述了这些术语，有关其各自定义的总结可以参考图表6-1。）

发展

发展，指的是团队自身运作情况的发展。由于团队成员个性和行为各不相同，每个团队都有自己的动态模式。当团队成员聚在一起时，他们互动的质量会影响其工作成效。有两个变量可以有效衡量团队的发展水平，那就是凝聚力和贡献。凝聚力会影响沟通协作和团结一致的氛围。贡献可以衡量团队成员参与度和对承诺的履行度。有高度凝聚力和大量贡献的团队才是有效率的团队。可以使用图表11-2所示的评估表，对团队发展问题进行探讨，以便将当前的发展水平作为提高的基准线。此评审方法有助于团队成员协商如何将整个团队发展到更高的水平。

团队气氛（凝聚力）：0到10分	
团队成员间的沟通体现出以下要点：主动倾听，无抵触情绪，阐述清晰	
团队成员互相尊重，遵守以下规定：不妥协，不干涉，按时开始，按时结束	
在适当时间内达成共识：避免重复，不受限于会议安排，开放思想	
成员之间高度团结，体现在三方面：愿景一致，关注点一致，行动一致	
凝聚力总分	
团队绩效（贡献）：0到10分	
每个人都在咨询程序中做出充分的贡献，能够做到：表达想法，增加新观点，积极主动	
每个团队成员都对行动有充分的贡献，并确保：每人都立下承诺，且要积极行动	
每个团队成员都能充分发挥各自才能以创造绩效，并确保：任务与人才相匹配，人才与所需能力相匹配	
每个团队成员都能坚持完成任务以创造绩效，从而做到：按时完成所有任务，不用总推迟截止日期	
贡献总分	

图表11-2 团队发展评估表

协同

协同是团队评审会议议题的重要组成部分，其目的是探讨公司如何通过团队成员和受邀客人之间的协同作用而获益，团队成员要代表不同领域，而受邀客人直接影响团队负责人记分卡上的因素。这种团队会谈取代了传统绩效会议中的长篇报告。团队成员也不必再共享那些与团队其他成员无关的细节。

上述4种会谈确立了团队会议的重点，当然，其中最重要的是绩效会谈，因为它与计分卡直接相关，而且其目的在于提高绩效。

团队评审会议结果

团队评审得到的结果有：承诺、行动计划和／或三角行动计划。不一定每次会议都能得到结果，可能需要召开多次会议才能收集到更多数据，用来制订可靠的行动计划。下面，让我们更仔细地探讨这些会议结果吧。

承诺

4种团队会议任何一种都可能形成承诺。承诺是参会者必须在指定截止日期之前完成的行动项目。承诺应该以一个行为动词开始，并且对预期发生什么及什么时候展开都要具体约定。承诺通常分配给个人，即使其他人可能参与执行。截止日期应该现实可行。如果你后来认为原定的截止日期不太现实，可以在团队负责人同意下将之推迟，但这一变更必须在截止日期之前进行。一旦超过截止日期，没有完成的任务便属于逾期了。

行动计划

提高绩效的工具是行动计划。制订行动计划是为了提高团队负责人重点报告中某个因素的绩效结果。如前所述，每个因素的角色作用会出现在重点报告中。重点报告可能包含以下角色：关键成功因素，表示团队负责人是组织中最低层级的适合员工，他对该因素有最直接的影响力；关键影响力因素，表示团队负责人对其他团队负责人承担的因素有

第十一章 绩效一致，增进合作

不可替代的影响力；关键管理因素，表示团队负责人对向他上报的直属下级的因素有管理影响力；关键影响力管理因素，表示团队负责人对其他团队负责人直属下级负责的因素有虚线管理影响力。你可以翻到第六章，回顾这些角色作用。

如何制订行动计划才能提高指标的现值呢？行动计划的核心是解决问题，有关这方面的研究已经有很多了。一些问题解决方法是基于对根本原因的分析和统计得来的，如果你研究全面质量管理和六西格玛管理的相关资料，就会对此有所了解。我们将在下文强调行动计划的基本特征。

三角行动计划

如果团队负责人重点报告中关键管理因素的绩效连最低水平都达不到，该怎么办呢？这意味着他的某个直属下级有关键成功因素表现不佳。面对这种情况，该由团队负责人在团队会议上为这一因素制订行动计划，还是该由承担这一关键成功因素的团队成员自己制订行动计划呢？答案是两人都应该制订行动计划，但是团队负责人的行动计划不能与承担该关键成功因素成员的行动计划相重复。团队负责人制订的行动计划是解决他能力范围内的问题，而这些问题是在承担该关键成功因素员工的能力范围之外的。我们把为团队负责人关键管理因素制订的行动计划称为"三角行动计划"。三角行动计划通常会利用决策权、资源获取权和管理人员的人际关系。

评审企业计分卡

团队评审的目的并不是为了取消企业计分卡的季度评审。前者是对后者的补充，而不是取代后者。季度评审的目的是为了考察公司绩效整体情况，而团队评审则着眼于整体的各个组成部分。前者是评审企业计分卡，后者是为了提高个人计分卡绩效。

增进合作

绩效来自合作，而合作是一致性的基本要求。向上聚焦的团队既要有内部成员之间的合作，也要与公司其他团队及其成员进行合作。行动计划执行过程中尤其需要合作。那么，如何增进合作呢？有两种方法：一是遵守下面提出的5项合作原则；二是用团队评审消除组织中可能存在的谷仓效应。

合作的5项原则

相互合作好处良多，既有利于你所在的部门或单位，也有利于整个公司。以下合作原则对于释放一致性所蕴藏的能量具有重大的影响作用：

1. 只有在紧要关头才做出指挥决策。这适用于每个人，无论他与指标之间是什么关系。指挥决策是你在没有与其他人协商情况下做出的决定，适合紧急情况下使用。然而，在其他时候，这类决策可能会极大地降低员工的工作积极性。

2. 如果一个人无法胜任工作且被他人替换的话，只有他的职责被委派给他人之后才能将该职责从他手中收回。这适用于承担关键管理因素的主管。如果你的计分卡有关键管理因素，你就已经将该项指标的职责授权给了某个直属下级或非直属下级。如果你对承担关键管理因素的员工绩效不满意，就应该考虑是他的能力问题，你可以让他接受快速培训，或者让别人替代他。

3. 只有在先咨询那些对你的成功有不可替代的影响力之人，从他们那里得到意见后，才能对自己的关键成功因素做出决定。每个承担关键成功因素的员工都应该咨询与自己有关的那些承担关键影响力因素的人。如果你做决定时完全是一个人单打独斗，之后在你需要帮助时，那些承担关键影响力因素的人就不会愿意伸出援助之手。

4. 只有在先咨询那些你会对他们产生不可替代的影响力之人，才会做出会影响他们绩效的决定。这项原则有助于预防关键影响力因素承担者干预关键成功因素承担者的工作。如果你的计分卡上有关键影响力因素，且这一因素的绩效表现欠佳，你可能会试图采取行动解决这个问题。但是，如果这样做的话，你将干扰其他人工作。如此一来，不仅是你的行动没有效率，而且还会降低关键成功因素承担者的工作积极性。

5. 如果你管理的人会对别人的绩效产生不可替代的影响力，请记住，他们的贡献只能通过影响和劝导来体现。这项原则尤其适用于承担关键影响力管理因素的虚线管理人员。作为团队负责人，你应该鼓励自己管理的人与关键成功因素承担者进行合作，而不是插手甚至接管他们的工作。

坚持上述原则会对公司文化产生巨大影响，也会增强公司内部的合作。由此一来，你将看到公司所有层级的员工都会更快速地执行各项指标，并对提高绩效产生更大的影响。

用团队评审消除谷仓效应

许多公司都形成了一定的谷仓效应。这是无形结构，不利于跨部门合作，而这种合作对协调一致却至关重要。通常来说，当职能部门在不考虑其他部门需求情况下圈出自己的一亩三分地时，就会出现谷仓效应。如果公司盛行获取预算、促进特殊项目、影响职位提升等相关政策，谷仓效应也会兴盛。了解谷仓效应以及如何避免谷仓效应的形成，会使每个公司受益。如果你的公司已经存在谷仓效应，利用关键成功因素／关键影响力因素之间的合作模式，将帮助公司消除谷仓效应或削弱其负面影响。下面是团队评审过程中体现的动态形式，有助于削弱谷仓效应，并鼓励合作：

◆ 如果你是某个关键成功因素承担者，你应该知道，你有权力邀请不同部门的关键影响力因素承担者加入团队评审，并商讨如何提高你所承担的关键成功因素的现值。

◆ 如果你是某个关键影响力因素承担者，你应该知道，你可以接受关键成功因素承担者的邀请，参加他们的会议，协助他们提高其关键成功因素的绩效。

◆ 无论你们是关键成功因素，还是关键影响力因素承担者，你们都共享关键成功因素的现值，因此，提高该因素的现值对你们都有好处。

不同部门人员之间无须权限或者不必经过上司批准就可以进行直接交流，这会逐步消除谷仓效应，促进跨部门之间的合作。

鼓励创新

创造力是激励出来的，而非强迫所致。团队会议需要人们交换想法，达成解决方法，这时创造力就显得尤为重要。为了在这样的场合鼓励创新，你应该消除阻碍，让团队成员自然流畅地表达各自的想法，并与其他人的想法相结合，最终获得富有创造力的结果。创新障碍指的是各种阻碍人们自由表达想法的情况。举例来说，现在你和同事正与上司开会，这时你有一个想法，但又觉得它可能"驴唇不对马嘴"，你是应该提出这一想法，还是不提呢？阻碍你提出想法的障碍可能有害怕自己的建议遭到上司拒绝，害怕失去同事的信任，或者害怕别人对你的想法提出负面反馈。鼓励创新的重要途径是确保参会者能够遵循共同的行为准则。

行为准则

在前面章节里，我们已经提过行为准则。它对于确保会议效率来说是非常重要的工具。我们在这里强调这一准则，是为了鼓励富有创造力的想法。我们先来看例子。你可以与团队成员进行讨论，选择你们需要的几个要点，或者有其他合适的也可以加以补充。以下是有关行为准则的建议：

- ◆ 准时到达。
- ◆ 用心倾听，尽量理解，但不回应。
- ◆ 参与讨论。
- ◆ 不轻视他人观点。
- ◆ 不打断他人。
- ◆ 不受层级制度束缚。
- ◆ 超然心态（提出自己的想法，任团队成员讨论）。
- ◆ 手机关机。

一旦团队养成这套共同商定的行为，团队评审会议的理想文化就形成了，每个成员都可以自由地参与会议。举例来说，如果行为准则强调"不受层级制度束缚"，它就给团队成员自由表达自己的想法开了绿灯，哪怕是自己的想法与同在会议室里的上司的想法相矛盾，团队成员也可以自由地表达各自观点。如果行为准则强调"不轻视他人观点"，大家就知道，即使自己提出的意见很普通，也不会受到轻视。

有效推动团队评审

行为准则是必不可少的，但是，光有行为准则还远远不够。有效协调团队评审会议能够促进参会人员提出各自的想法并与他人的想法相融合，最终达成一个有创造性的解决方案。要想有效协调团队评审会议，我们认为有4个角色是必不可少的，那就是推动者、监督员、记录员和团队成员。下面是每个角色的简单分工：

1. 推动者。推动者负责整个协商会的指引工作，但不对会谈做出任何指示。推动者的职责是准时宣布会议开始，陈述会议目的，迎接客人（影响力因素承担者），介绍会议议题和行动计划的相关主题，鼓励团队成员提出想法，并引导协商会达成创造性解决方案，介绍会议的监督员和记录员。

2. 监督员。监督员的职责是帮助团队成员遵守行为准则。为此，监督员会将行为准则展示出来，让每个人都能看到；并在会议开始时，回顾行为准则的内容。当发生严重偏离行为准则并影响会议进展的情况时，监督员会即时中断会议。

3. 记录员。记录员的职责是把重点报告电子表格或与议程相关的其他数据投影到大屏幕上，并捕获会议期间达成的目标任务。团队评审会议上没有会议记录，只有承诺，并标明承诺的负责人和截止日期。记录员要确保做到精准捕获团队各项决定。

4. 团队成员。参与会议评审的其他人都是团队成员，其职责就是积极参与会议，准时到场，始终抱着学习的态度，也就是说，以开放的心态接纳他人的建议和想法，给团队提供想法，不要被任何人吓倒。团队成员应认真对待并遵循行为准则。

推动者通常是团队负责人，但也可以进行灵活变动。推动者、监督员和记录员同时作为团队成员参与讨论。为了有效促进团队评审会议，扮演4种角色的人应当表现自然，不要自认为拥有特权。与此同时，他们必须表现谦逊，始终抱着学习的态度。如此一来，对创造力的阻碍就消除了，团队评审会也会更加高效。

3. 实际应用 指导团队评审

团队评审无疑代表了与公司目前运作方式完全不同的重大变化。为了开展有效的团队评审，可能需要业务熟练的培训师对公司高层管理人员提供培训和支持。然后，领导团队就可以将这些管理理念向下贯通，以使所有计分卡持有者受益。

在培训实施初期，你需要确保这些理念能得到正确应用，也确保大家正在养成好的习惯。为此，队外教练的反馈非常有帮助。教练可以做如下的事情：和管理人员一起花时间为会议做准备；以观察员身份参加会议并做好笔记；与管理人员一起回顾会议情况并提出反馈。

你可以将本章涉及的许多理念都应用到自己公司。我们这里重点关注两个部分：团队评审会议的操作和行动计划的实施。

团队评审会议

下面，让我们完整地看看团队评审的过程。假设你是管理人员，有专门为你编制的计分卡，管理一个团队，有直属下级若干名，系统已经为你生成了重点报告和反馈报告。现在，你决定用我们介绍的这种新形式召开团队评审会议。接下来，我们将带你经历会前准备、会中协调和会后跟进三个阶段。

会前准备

团队评审前的准备工作十分重要。准备过程中投入的时间能够缩短会议时长、提高会议效率，而你能够从中得到的回报将是你所付出努力的好几倍。那么，你需要准备什么呢？下面是我们的建议：

◆ 从价值行为树里选择一个价值观，作为文化会谈的主题。

◆ 从重点报告里选择一个关键成功因素或关键管理因素，用于制订行动计划。

◆ 根据所选因素，邀请关键影响力因素或关键影响力管理因素承担者参与会谈。
◆ 进行数据分析，准确指出与所选因素相关的问题。
◆ 准备好团队发展评审的评估表若干份（见图表11-2）。
◆ 准备好会议议题并分发给参会的团队成员。

会中对话

第一次团队评审会议是全新的开始，你肯定想让它成为团队成员的最好体验。请务必为第一次会议留出两小时时间，并选择不会受到干扰的地方。两小时时间可能用不完，也可能不够用，这取决于行动计划的深度。请确保有一台电脑，能查询信息，记录即将达成的承诺；还要有投影设备和屏幕，可供大家实时共享信息。以下是一份清单，可供你在商谈中使用：

◆ 以所选择的价值观和行为为参考，以文化对话开始团队评审会议。鼓励团队成员发言，说说他们如何理解该价值观的含义，又如何理解行为对绩效和客户满意度的影响。

◆ 将会议议题转向绩效对话，并将重点报告和反馈报告投影到大屏幕上。团队成员可以审查每个指标的图表，研究其趋势，并分析趋势好坏的原因。阐述你为了制订行动计划而选择这一指标的原因，欢迎客人，如关键影响力因素承担者或关键影响力管理因素承担者。遵循公司解决问题的方法论，注意本章所讨论的有关行动计划的提议，整合团队成员提出的想法和任务，达成并实施行动计划。为了支持行动计划，必须进行合理分析，这方面所需要的时间可能比会议上原来分配的时间多得多。但是，宁可多花点时间来完成行动计划的制订，也不要在会议规定的时间内草草了事。

◆ 将会议议题转向发展对话，请团队成员用图表11-2评估表评价团队的凝聚力水平和贡献度。评估时间不应该超过10分钟。请记录员收集每个人的评估结果，并告知团队成员评估结果的平均值和标准偏差。鼓励团队成员根据评审结果所建立的基准线自由地表达对提升团队发展的想法。

◆ 将会议议题转向协同对话，请团队成员分享其所在领域中会使同事受益的新闻，或向同事寻求帮助，或者探讨有利于公司发展的协同话题。

会后跟进

在团队评审会议上制订完整的行动计划之后，关键要做的事情是，你要时刻跟进每项任务的进展情况，以确保其完美执行。作为团队负责人，你应该跟进每一个有任务的人，确保他们清楚各自任务的具体要求并知道如何完成任务。你可以使用以下清单：

◆ 按时完成自己的承诺，以树立好榜样。

◆ 了解团队成员在团队评审会议上所承诺的进展情况，询问他们是否需要帮助。

◆ 请团队成员每完成一项会议上的承诺，就给你发送完成通知，并附上简要的证明文件。

◆ 提醒团队成员在理由充分的情况下（如有必要），向你推迟达成承诺的截止日期，但是，这样做的话，必须在截止日期到来之前而不能等截止日期过了以后。

我们在图表11-3中对上述清单进行了简要总结。你可以在每个月的团队评审会议召开之前加以参考。

怎样才能知道团队会议是否有效果呢？会议上所制订行动计划的质量，团队在执行行动计划时的凝聚力和贡献度，以及行动计划完成后得到的成果，都可以成为你判断会议效果的依据。

团队评审前				
确立文化对话的主题				
研究你自己的焦点报告和反馈报告，为行动计划选择一个因素，邀请相关的关键影响力因素和关键影响力管理因素承担者				
为第一次会议提供可用的团队发展评审报告，并将其用于发展对话				
准备并发送会议议程安排				
团队评审中				
文化	绩效	发展	协同	
讨论与所选价值观保持一致的问题	展示你的重点报告、反馈报告及相关图表	评审团队发展问题	信息共享，彼此学习	
	制订行动计划或三角行动计划	审查评审结果达成发展基准线		
	商定完成任务的截止日期	讨论提高凝聚力和贡献度		
团队评审后				
按时达成你的承诺				
需要的话，随时帮助团队成员				
审查并审批通过团队成员高质量达成的承诺				

图表11-3　团队评审清单

实施行动计划

无论你采用哪种解决问题的方法，我们都要强调以下几点的重要性，希望你能加以注意：准确指出问题，分析根本原因，提出解决策略和确定行动计划承诺。

准确指出问题

如果你希望解决方案能起作用，就必须先准确指出问题所在。要想确定问题是什么，就得先查看用来计算所选关键成功因素的公式。该公式可能有一个或多个变量，并且每个变量也可能有子变量。首先，选取每个变量或子变量，并查找与其现值有关的数据。然后确定与你所承担关键成功因素计算公式中该变量有关的是哪个部门、大区或地区，或者哪个产品或哪项服务。如果有几个领域同时做出贡献，哪些领域有80%的影响力？数据收集将帮助你回答这个问题。找出具有最大影响力的领域将有助于你准确找出问题所在。

有时候，问题可能发生在关键成功因素背后的处理过程中。例如，如果你的销售额下降了，问题可能出现在销售过程中，也可能出现在推动销售流程的活动中。在你查找问题时必须考虑这些因素。因为团队会议的时间有限，所以，一旦为行动计划选择好关键成功因素之后，你就可以开始此类分析，并在团队会议开始之前完成。

分析根本原因

找到问题背后的根本原因才是有效解决问题的关键。在电子表格中列出根本原因和其他重要原因是很有帮助的，如图表11-4所示。根本原因将帮助你永久性地解决问题；其他原因则可以帮助你临时性地修复问题。所以，有时候，将两者结合起来考虑也是必要的。

准确指出问题	根本原因和其他原因	（影响）小、中、大	在关键成功因素的控制之内	在关键影响力因素的控制之内	在高层管理控制之内	外部控制	谁能解决问题

图表11-4　强调原因的模板

首先，根据各类原因对绩效结果的相对影响程度（小、中、大）进行评级。其次，针对每一个原因，确定它是否在你的控制范围内，或者在跨部门控制范围内，或者在高层管理的控制之下，或者是否受到不可控的外部因素的制约。最后，确定谁可以消除根本原因。在团队会议中，你应重点关注第四列和第五列的原因，这些原因都在团队负责人和跨部门控制之内。

解决策略

通常，你会把注意力放在图表 11-4 中所列的根本原因和有高度影响力的原因上，并开发出备选解决方案。这些解决方案是通过综合分析各种原因并想办法解决问题才提出来的。在前一阶段，你经过分析找到了原因。在这一阶段，你要综合考虑确定解决方案，这是整个过程的创造性步骤。有些人倾向于在制订一项策略后就直接实施。但是，你应该避免这种倾向，至少应该制订两个备选解决方案。还有一种倾向，就是给每个原因都制订对策。这也无可厚非。但是，各个策略与原因之间无须一一对应。一个对策可以而且应该应对好几个原因。图表 11-5 可以作为你的策略模板。

在制订备选解决方案时，你应该在实施前对它们进行分析。通过比较解决方案的优点和缺点，并考虑其成功的可能性，进行"利"与"弊"分析，以确定解决方案是否会对结果造成不可预见的负面影响。

原因	备选解决方案	利与弊

图表 11-5　行动计划模板

行动计划承诺

所谓"承诺",是指有助于实施解决方案战略的单一行动。每项行动都有具体的截止日期,并有专人对其负责(请参阅图表11-6)。下面的模板提供了跟进后续操作所需要列出的各项要素。每项行动都可以分配给团队中的任何成员,包括跨部门关系的其他人,并要求对方在截止日期之前完成。所有承诺都是可追踪的,可以通过电子邮件提醒相关负责人。

注意,当遇到问题时,可能会出现一种非常不健康的趋势,那就是团队会在没有经过适当分析的情况下匆忙提出解决方案。记住,最重要的是,一定要先根据数据正确地认识到问题所在,然后再分析根本原因。原因和影响分析同样重要,因为基于这种分析所制订的解决方案不单单能解决问题的症状,还能处理根本原因,因而也能防止问题再次出现。

行动计划承诺	负责人	截止日期	实际完成日期

图表11-6　行动计划承诺模板

下一章预告

在本章中，你了解到一致性管理对提高绩效的作用，并学到工作团队是如何为其负责人制订和实施行动计划的。在下一章，将讨论纵向评审，即每个人与其顶头上司之间如何开展一对一的有力对话。

第十二章
借助纵向评审达成绩效

技术通介绍了一种新的培训流程,即计分卡持有者和他的顶头上司之间进行一对一会谈,用以维持公司的纵向一致。接下来,你将了解到与纵向一致有关的4种主题会谈,并了解它们是如何影响公司绩效的。

1. 案例分析

与技术通沟通之后,布莱恩安排一个月后召开团队评审会议。布莱恩知道,根据新的团队评审模式,他需要先与每个直属下级开展一对一会谈,用以评估每个人的绩效表现。他请技术通到他的办公室,向他介绍一对一会谈的方法。他还需要更全面地了解如何将这些一对一会谈与整体的团队评审联系相结合。

两人讨论了布莱恩一对一会谈的最佳实践方法,将之称为"纵向评审"。这是因为每位管理人员都会与他的团队成员单独会谈,其目的是为了审核他们的绩效,以及在团队评审期间提出的行动计划。纵向评审给管理人员提供了机会，用来指导其直属下级，并帮助他们提高自己的技能。许多管理人员已经做到与其直属下级频繁互动，但这些互动通常是根据需要发生的，没有系统化或聚焦直属下级的计分卡。

纵向评审有助于公司各个层级员工的进步，使其成为公司实现愿景和战略的有力贡献者。每个人都有机会与其顶头上司产生一对一互动，与此同时，得到上级的关注和帮助，从而通过实施行动计划提高自己的绩效。

一旦明确了纵向评审的目的，布莱恩就准备在实践中加以实施，将纵向评审作为迈向培训战略的第一步。

2. 一致性规划：用纵向评审指导团队成员

正如案例分析中所述，纵向评审对于公司各级管理人员来说都是非常好的工具。借助纵向评审，管理人员可以采用系统且有组织的方式监管他们的直属下级。只要完成纵向评审，管理人员就可以放心了，因为他们已经就需要采取的具体行动达成了一致看法。他了解了直属下级的绩效情况，改进了行动计划和承诺，也有机会单独指导和培养团队成员。

对于直属下级来说，纵向评审也是很好的机会，他们可以借此机会清楚地了解上级对自己的期望，获得上级对自己行动路线的同意和支持，得到有关绩效和能力提升方面所需要的鼓励和指导，并有机会表达自己的顾虑。

纵向评审蕴含着巨大的能量，因为它有助于明确管理人员和其直属下级之间每个月的优先事项。直属下级可以通过计分卡更清楚地了解各自的职责，除此以外，他们还能借助纵向评审达成绩效。对于管理人员来说，纵向评审有助于他们确保已分派的任务是在自己的掌控下。因此，他们可以腾出大量时间，集中注意力完成自己计分卡上的指标，关注公司未来的相关项目。

纵向评审过程

纵向评审帮助每个员工提高自己计分卡上的绩效分数，增加他们为组织创造的价值。顾名思义，纵向评审过程包含三个方面的意思：

1. 纵向。纵向评审是指个人与其上级之间的一对一会谈。
2. 评审。在会谈中审查员工的绩效表现和技能水平。
3. 过程。这不是一次性事件，而是持续进行的过程，是提高绩效的过程。

纵向评审从组织最高层开始，然后逐步渗透到各个阶层。公司首席执行官指导主管并提供支持和鼓励。主管在其上级的关注和支持下，在计分卡上创造出优秀绩效。主管以下管理人员的情况也是如此。主管关注管理人员的绩效，给他们提供支持和鼓励，以此帮助每个管理人员在其计分卡上创造出优秀绩效。这一过程不断重复，如图表12-1所示。

培训机会

纵向评审为组织上级指导下级提供了完美的平台。就像体育教练努力培养球员赢得比赛一样，在纵向评审中，管理人员努力培养其合作者，帮助对方取得优秀的绩效。由于每个人的计分卡已经明确了其工作重心，所以培训的重点在于完成两个目标：提高计分卡上的绩效和培养员工技能水平。管理人员成为教练，并用适当的领导风格实现这两个目标。这样的培训机会需要重视以下两个重要因素。

纵向评审的气氛

当员工单独来见你，他的上司，他会本能地处于警惕状态，尤其在你们第一次会谈时。因为他不知道会发生什么，所以很可能会抱着防御心态参加会谈。这种状态会影响你培训能力的发挥。因此你应该创造舒适的环境，让彼此可以放松地交谈，并交换意见。上一章提到的行为准则将有助于创造这种环境。避免干扰很重要，比如将手机关机，因为这样做可以使管理人员更加严肃认真地对待你们的会谈，并且精神更加集中。通常来讲，行为准则与上司行为更为相关。

会谈中的两个角色

作为上司，你将在一对一会谈中充当推动者角色。你需要了解自己的下属需要什么程度的指导和支持。需要的程度取决于指导对象目前的能力水平。记住，千万不要忽视倾听的重要性，要准时开始会议，时刻专注于会议目的，确保自己不被外界干扰。

如果你是直属下级，你的角色就是记录员。你得负责投影或者展示重点报告的电子表，记录下会谈中分配的承诺。纵向评审没有会议记录，只要记下分配的承诺和截止日期就好了。

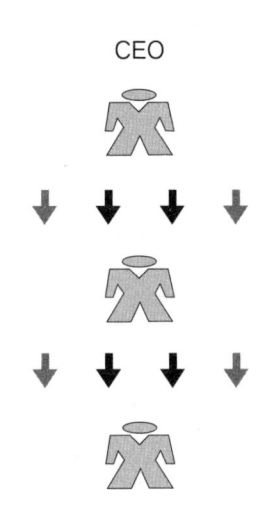

图表12-1　纵向评审过程

4种对话

纵向评审中将会进行4种类型的主题会谈，分别关注企业文化、员工绩效、能力发展和闲杂事项。管理人员应提前准备好会谈议题，并根据他认为重要的优先事项和需求，为每个议题分配时间。下面让我们一起看看这些对话是如何进行的。

首先，他们一起查看价值行为树（见图表10-2），确定哪些具体行为需要加以改进。通常来讲，很可能需要加以改进的是"按时完成任务"这样的行为。

然后，他们共同评审一名团队成员的重点报告和反馈报告，查看每个指标的图表，分析数据的发展趋势，审核他为各项因素制订的行动计划。如果行动计划的目的是为了提高某个关键成功因素的绩效，管理人员就会充当指导者角色，确保该行动计划符合以下标准的要求：

◆ 行动计划是有数据支撑的，可以解决特定问题。
◆ 行动计划是以透彻的根本原因分析为基础的。
◆ 考虑过备选解决方案，并对该解决方案的影响进行了风险分析。
◆ 该解决方案具有创造性，并有极大的可能获得成功。
◆ 多个来自不同部门的关键影响力因素承担者为该解决方案提供了建设性意见和建议。

如果该行动计划旨在提高某个关键管理因素的绩效，管理人员就得发挥指导员的作用，要确保该行动计划是第十一章所述的"三角行动计划"。审核行动计划为管理人员提供了机会，他们可以借此机会补充自己的想法，对计划加以完善。另外，通过仔细查看用来制订行动计划的原因分析模板（请参阅图表11-4），管理人员会知道自己可以对哪些原因产生影响。通过有关绩效的对话，会谈双方能够就具体任务及其截止日期达成一致意见。

接下来，他们会进行有关员工能力发展的对话。正如第九章所讨论的，创造优秀绩效所需要的核心技能是由两个变量共同确定和评估的，即"努力程度"和"监督力度"。在此会谈时，他们一起查看直属下级提出的能力提升计划。作为下属的员工还介绍了他把技能提升到下一个发展水平方面所取得的最新进展。上司则补充他的想法，并为员工提升能力给予支持。

最后，他们可以讨论各自认为重要的话题，诸如假期、工作日程的变更、职业道路上的进步，或者其他话题。

上述4种对话可以按列出的顺序进行，也可以按照双方觉得舒适的任何顺序进行。我们建议把闲杂事项的议题放在最后进行。在首次会议上，会谈双方要确定好多久进行一次这样的会谈。我们的建议是，有关绩效表现和闲杂事项的会谈应该每月进行一次，其他两项会谈则至少每季度进行一次。

最好的做法是，最低级别的团队最先开展团队评审。然后，将团队评审会议通过的行动计划呈现在上一级别团队评审前的纵向评审中，并以此类推。

纵向评审的结果

纵向评审对员工个人及其上司都有很大的价值。对于下属而言，这种指导可以转化为学习的动力，使其更关注未来的机遇，并为之努力。对于上司而言，他能够注意到直属下级的现状，并带头处理需要解决的问题。除此之外，纵向评审还能产生具体的结果，例如员工应承担的承诺和对行动计划的修正。

承诺

纵向评审4种对话中的每一种都有助于会谈双方达成承诺。承诺是行动，要有特定的截止日期，要清晰地表述具体内容，并以一个行为动

第十二章 借助纵向评审达成绩效

词开始。在将承诺录入软件或其他工具之前，参与纵向评审的会谈双方应先统一有关承诺描述的措辞。截止日期应现实可行。一旦超过截止日期，任何未达成的承诺都应视为逾期。上司审查直属下级制订的行动计划时，他可能会注意到一些下属们无法控制但他可以控制的问题。因此，会谈中也可能会提出如何解决这些问题的承诺。

对行动计划的修正

员工提出自己制订的行动计划时，上司可以提出相应的改进建议。直属下级应记录下这些建议，并在下次团队评审时提出来。应避免出现在未经团队评审讨论之前就直接采用上司建议的情况，因为这样会使团队失去动力，错失通过团队参与进一步提高行动计划的机会。

对比绩效评审

你们公司可能会把绩效评审作为人力资源部的流程之一。通常来讲，管理人员每年参加一次或两次绩效评审，主要是为了设立年度目标、评选奖金或确定薪资涨幅。虽然绩效评审流程有价值可循，但若有了纵向评审，绩效评审的某些方面就变得多余了。

在绩效评审中设立目标可能不太必要，因为可以用计分卡和合格、良好、优秀三个目标代替它。与一致性地图保持一致的个人计分卡清晰明了，可以用来代替绩效评审中的目标综述。每月一次的重点报告、反馈报告和管理报告清楚地反映了绩效进展情况（见第八章），可以用来代替绩效评审中有关目标进展情况的年度报告。

绩效评审中的评价会因为受到员工最近表现的影响而较为主观；借助对员工个人全年绩效给予应有信任的系统所开展的评价则较为客观。因此，主观评价也将为客观评价所取代。在绩效评审中，优秀绩效的认定往往是由顶头上司在年终时进行。有了纵向评审之后，由于报告系统的透明性，所有管理人员可以每月认定一次员工的优秀绩效。

在以前，每个管理人员与其顶头上司之间的协调是一年进行一次，现在则变得更频繁，是每月协调一次，并在此过程中进行相应的修正。在纵向评审过程中，纵向一致并不仅仅是与直接主管有关。实现全面一致靠的是与所有上级保持一致并与一致性地图保持一致（参见第五章）。

因此，如果公司已有绩效评审的流程，你可以将它的特征与本章中所介绍的纵向评审流程相比较，然后剔除那些与纵向评审重复的特征，保留其他能够创造价值的特点。

3. 实际应用：实施纵向评审

相对于公司目前的运作方式而言，纵向评审流程可能会是个重大的改变。为了实施此流程，请经验丰富的专家培训你的领导团队就再好不过了。然后，领导团队可以将所学到的经验向下传授给所有计分卡持有者。如果是规模较小的新兴公司，并且没有足够的预算招揽人才的话，你可以运用一些行之有效的方法。下面，我们阐述了可以用在自己公司中的实际方法。

纵向评审的演练

让我们一起梳理纵向评审的各个步骤，以帮助你做好第一次纵向评审。假设你是管理人员，你的每位团队成员都有自己的计分卡，而且报告系统也已到位。该系统为每个直属下级都生成了重点报告和反馈报告。下面是一对一会谈前、会谈中和会谈后三个不同阶段的步骤。

纵向评审前的准备

在会谈之前准备越充分，会谈效果就越好。那么，需要准备什么呢？这里有一份清单：

  1. 从价值行为树（图表10-2）中选择一项价值观作为文化对

话的主题。

2. 研究团队成员的重点报告和反馈报告，确定会谈中要提的问题。

3. 选择团队成员需要提高的核心技巧。

4. 选择任意你想要讨论的话题。

对以上事项进行优先排序，准备好议题，并在会谈之前发送给对方。

纵向评审中的对话

纵向评审的初次会谈尤其重要，因为它是全新的流程，你也希望此次会谈能成为参与双方的宝贵经验。为初次会谈留出一个半小时时间，最好选择不被打扰的地方。一个半小时的时间可能用不完，但保持时间富余会使你变得更加放松，并且保持专注。确保有电脑或智能手机，能访问信息并记录将要分配的承诺。准时到达会场，以便在团队成员到达时表示欢迎。以下是一份清单，可供你在对话中使用：

◆ 尽量营造轻松随意的气氛。在会议中讨论自己的绩效，尤其是在上司办公室里，通常会使人紧张。可以考虑选择中立的地点，比如普通的会议室，甚至可以不在公司内，也可以去咖啡厅，但记得带上笔记本电脑。你想通过口头和身体语言进行沟通，但要记得你的主要目的是指导直属下级，而不是对他进行评价。

◆ 以文化对话开始，参考所选择的价值观和行为。与你的直属下级一起思考，你们所表现出来的行为会如何影响你们所在地区的绩效。这里重要的不是你知道答案而对方不知道，而是你们要一起思考，探讨哪种行为能更好地与价值观保持一致。

◆ 转到员工绩效的对话上，针对计分卡的各项因素、图表和趋势问一些你在准备阶段想好的问题。请团队成员展示他的行动计划，并向他提问该行动计划是如何制订出来的。请记住，查看行动计划的目的不是找借口，而是找寻解决办法。管理人员的作用是审核行动计划，确定计划的完善性。要弄清楚你的下属是否做了充分的分析，该方案是否涉及跨部门的人际关系。你要投入自己的努力改进计划。在提出这些问题时，你所使用的领导风格应适合所讨论区内每个人的发展水平，最好兼具指导和支持两种风格。

◆ 转到能力发展的对话上。如果这是初次会议，你要花时间和他一起找出其工作所需要的核心技能，并评估他的能力水平。如果是第二次会议，你要花时间审核他的能力发展计划。在之后的会议中，请团队成员报告他在提高一项技能方面所取得的进展，这是你们之前已一致认为需要发展到更高水平的技能。例如，某项技能水平已评定为L2，你就要了解将该技能提高到L3的进展情况。关于能力水平的讨论，你可以参考第九章的相关内容。

关于闲杂事项的对话主题，你可以先询问团队成员是否有他想要讨论的话题。然后，以开放和专注的心态倾听。因为这些话题对另一个人很重要，所以，你对对方所选话题的关注将对他的热情和积极性产生很大的影响。

纵向评审后的跟进

你们在会谈过程中讨论和制定的任务需要系统性跟进。作为管理人员，你可以参考下面这份清单：

◆ 以你同意要按时达成承诺为荣。

◆ 掌握直属下级在纵向评审会谈时所确定承诺的进展情况，看自己能否提供帮助。

◆ 要求下属每完成一项纵向评审中所确定的承诺之后，给你发送完成通告，并附上简单的支持材料。

第十二章 借助纵向评审达成绩效

◆ 提醒下属注意，只有在截止日期之前，且有充分理由的前提下，才能推迟承诺达成的截止日期。

图表12-2对纵向评审的重点部分进行了总结。你可以在每次纵向评审之前加以参考。

你如何才能知道纵向评审是否有效呢？最好的确认方法就是，看团队成员在会议结束时是否比刚来开会时更专注，更有动力，更有决心。这些就是评判的标准。

支持实施纵向评审流程

我们在本书中讨论到的所有流程都在为纵向评审打基础。然而，要开始纵向评审，你至少要有编制合理的个人计分卡和相关信息。有了这个基础，你就可以构建以下内容：

◆ 针对纵向评审的理念和方法进行培训。
◆ 从公司高层开始纵向评审流程。
◆ 观察和指导高层管理团队的培训情况。
◆ 由上往下逐层展开纵向评审。

开始纵向评审流程之前，你可以先在公司高层内部召开一次导向会议，然后要求领导团队的每个成员完成电子学习模块，用以熟悉这一理念和方法。为了确保正确使用这些管理理念，教练的反馈至关重要。

在大型组织中，我们建议培训和认证一组内部教练，他们会在最初的几次纵向评审中指导管理人员，并提供反馈信息。通常情况下，上司的行为发生变化时需要进行有效的纵向评审。教练能在确保流程以正确方式完成的过程中发挥重大作用。如果公司规模较小或是新兴公司，你可以在整个公司中应用这些理念，并鼓励员工在纵向评审中反思他们的经验，并学习这种新的做法。

纵向评审前
选定文化对话的主题
研究合作者的重点报告和反馈报告
选定发展对话的主题
准备并发送会议议题

纵向评审中			
文化	绩效	发展	协同
讨论与所选价值观一致的行为	展示团队成员的重点报告和反馈报告	审核团队成员的核心技能	谈论对团队成员重要的话题
	展示行动计划或三角行动计划	审核提高技能计划	
	讨论如何改善行动计划	讨论如何改进计划	
	就承诺截止日期达成一致		

纵向评审后
按时达成自己的承诺
需要的话，及时帮助团队成员
审核并肯定同事高质量达成的承诺

图表12-2 纵向评审清单

下一章预告

在本章中，全面了解了一致性流程及其对绩效的潜在影响。下一章，将介绍成功的最关键因素，那就是保持薪酬与绩效一致。

第十三章
薪酬一致，用贡献指数管理薪酬

为了确保公司一致性管理没有将人吓跑，布莱恩仔细核查了公司各项政策和系统，然后，他决定将薪酬与计分卡联系起来。接下来你将学到，如何利用计分卡最终实现奖励与薪酬一致。

1. 案例分析

布莱恩正与X集团公司首席财务官泰德·弗莱尔和人力资源部主管盖尔·洛克一起开会，讨论公司的薪酬问题。布莱恩早就意识到集团公司里日益增长的管理人员薪酬不一致的问题。随着每一家目标公司被并购进来，这种不一致的幅度就更大了。因此，布莱恩非常渴望能够重新审视公司的薪酬问题，从而提出兼顾一致与公平的薪酬方案。

布莱恩清楚，他在X集团公司开始实施的一致性流程无疑会在薪酬体系中发挥重大作用。因此，当盖尔提出新的薪酬计划时，布莱恩的第一反应是用外部视角来加以审视。他们立即拨通技术通马克的视频电话，向他展示盖尔的建议。马克先是肯定了这项提议的优势，然后提出几点意见，供盖尔在优化方案时进行参考。

技术通马克指出，为了使个人与公司的愿景和战略达成一致，就得让计分卡在员工所得薪酬中发挥重大作用。如果员工的薪酬是建立在其他标准上，想要人们认真对待一致性问题就是不现实的。此外，如果确定薪酬基础的标准会鼓励那些没有保持一致的重要事情，一致性作用就会大大降低。然而，布莱恩不可能建议他们一夜之间就在薪酬方面做出巨大改变，因为他们在商定员工工资时都考虑了某些因素，如行业标准、公司制度或个人履历等。

因为很难重新协商员工工资，而发放奖金则容易得多，所以他们可以先将奖励制度与计分卡上的绩效挂钩。此外，计分卡上的绩效情况也可以作为员工晋升和加薪时考量的重要因素。再往后，计分卡上的绩效将成为薪资调整和职务晋升的主要标准。

2. 一致性规划：整合薪酬一致

以上案例的核心指导原则是：薪酬应该与计分卡上的绩效情况挂钩。计分卡上的绩效是一个因素，而且是重要因素。此外，还有另一个因素也很重要，那就是员工在工作中为了达成一致而付出的努力，但这些努力或许不能立即带来好的计分结果。例如，员工正在参加某项能力训练。他所做的努力就是为了与公司发展保持一致，这份努力在公司计算奖金时或许还不能立即显示在计分卡上，但它可能影响员工以后的绩效。我们再看一个制订行动计划的例子。这是为了与公司发展保持一致而付出的努力。然而，当某人在实施其行动计划时，其结果并不会立刻显现，有时候，其效果甚至还会延缓数月之久才能显示出来。因此，在分配奖金或者调整薪资时，如果只考虑计分卡上的绩效情况，那将是有

第十三章 薪酬一致，用贡献指数管理薪酬

失公平的。

因此，我们建议，在实行薪酬与绩效一致时，要综合考虑为了达成一致付出的努力以及立即产生的成果，具体做法是将它们组合成数字。我们称之为"贡献指数"。那么，贡献指数是怎样计算的呢？接下来，我们将解释在付出努力和取得绩效时应当考虑哪些要素，然后再解释贡献指数的计算方法。

获取结果

首先，我们要认真研究计分卡。每张计分卡都包含大约5个重要因素和方案。正如你在第八章所看到的那样，这些因素之间相对权重已经确定，而且都会在个人月度重点报告中显示出来。如果你查看某人季度绩效情况，那就是看他连续三个月的个人报告。因为计分卡中的每一个方案都是可衡量的，所以很容易通过某个指标查看员工结合所有指标和方案的绩效情况所创造的附加值。我们把这种衡量方法称为"绩效指数"。

为达成一致努力

只有努力才会有成果。努力可以是为了达成一致而付出的，也可以是不以达成一致为目的。理所当然的是，你不会奖励那些不以一致为目的的努力。然而，为达成一致而付出的努力可以作为单独的标准来考虑，因为有的努力需要假以时日才能看到结果。鼓励通过一致性努力提高绩效而不是简单地为了绩效不择手段，这一点至关重要。正是这个标准带来了本书中所提到的全面一致的文化因素。我们将一致性努力的评估指标称为"努力指数"。构成该指数的相关因素主要包括360度评估、制订行动计划、贯彻行动计划、提升能力水平和指导人才发展等。老板给这些类别中的每一项都赋予0—100间的某个数字作为权重分值，其基础是可靠而又可计量的证据，用以表明付出这些努力的方式都是符

合公司期望的。

360度评估

很多公司都采用问卷调查形式评价员工的绩效情况。个人评价由其人际关系构成，包括上司评价、同事评价、直属下级评价和自我评价。之所以称为360度评估是因为它涵盖了以个人为中心的人际关系网中所有人对你的看法。从这种评价得出的意见和分数有助于你做出某些必要的调整。这种评价方法可以更精确地称作"360度感知指标"。不过，我们还是鼓励大家重新审视自己的360度评估过程，以此确认它不会鼓励与全面一致的企业文化相悖的行为。

制订行动计划

如第十一章所描述的那样，好的行动计划是提升绩效的关键，所以应该受到奖励。说到"好的行动计划"，我们的意思是指该行动计划符合以下条件：采用公司实施的可靠方法，有合适的人参与其中，而且确实在产出效果。用来衡量行动计划中所付出努力的度量方法是"行动计划改进指标"。它表示个人是在数据支持基础上制订符合质量要求的行动计划。

贯彻行动计划

团队评审和纵向评审能够产生个人必须按期达成的承诺。这些承诺都是非常具体的行动，必须在商定的截止日期之前高质量地达成。可以用任何可靠的工具来计算员工按时达成承诺的百分比。员工在贯彻执行并按时达成各种承诺时所付出的努力，可以用"承诺跟进指标"衡量。

提升技能水平

纵向评审就是在关于能力发展会谈的时候进行的。会谈时会明确员工的核心技能是什么，会评估其核心技能水平，还会讨论技能水平的提升计划。会谈的目的在于采取行动提升员工的核心技能水平，而能力提升又是责任授权和提高绩效的关键。反映员工在提升能力时所付出努力的指标是"能力提升指标"。

第十三章 薪酬一致，用贡献指数管理薪酬

指导人才发展

我们在第十二章学过指导人才培育的过程。指导和培育人才上升到新阶段就是增强组织和留住人才的关键。管理人员不仅要注重员工个人绩效，而且要注意培养人才的其他能力。反映管理人员为提升人才能力所付出努力的指标是"团队绩效指标"。这个指标综合了上述所有绩效指数。

一致性努力衡量指标总结

综上所述，我们描述了在计算为达成一致性付出的努力时应该考虑的5种一致性行为，即360度评价、制订行动计划、贯彻行动计划、提升能力水平和指导人才发展到新阶段。针对以上各方面付出的努力进行衡量时，你可以分别采用以下标准：

- ◆ 360度评估指标。
- ◆ 行动计划改进指标。
- ◆ 承诺跟进指标。
- ◆ 能力提升指标。
- ◆ 团队绩效指标。

一旦确定这些指标的计算机制之后，你就可以随意组合运用了。在本章第三节，你将看到具体使用这些指标的案例。

贡献指数

将"绩效指数"和"努力指数"结合起来，你就能得到一个总体指数，我们称之为"贡献指数"。那么，该如何将两者结合起来呢？首先，将绩效指数和努力指数标准化，分别用0—1之间的某个数字表示，然后运用加权法则得出一个数字。比如，你可以给绩效赋权80%，给努力赋权20%。或者，它们的权重也可以是绩效60%，努力40%。努力程

度所占比重取决于之前为了衡量努力程度设置的数据机制的质量。最终获得的数字应该处于0—1之间。

用贡献指数管理薪酬

我们建议先实行奖励制度与"贡献指数"挂钩。应如何做呢？先要确定每季度奖励分配的可用资金有多少。例如，可以在董事会同意情况下将利润中若干个百分点用于奖励分配。奖励可以是现金形式，也可以是其他无形的犒赏，例如休假、调休或者其他权益。

将贡献指数乘以工作可获得的奖金份额，就得出个人奖金总数。例如，假如要将10万美元奖金分发给公司职员，每个人能够得到的奖金数就是个人奖金份额乘以他的贡献指数。

成熟度指标和改进指标

计分卡上同时含有成熟度指标和改进指标。所谓成熟度指标是指公司已经跟踪确认的硬数据，比如息税折旧摊销前利润、销售额、利润率、投资回报率等。成熟度指标是极其可靠的。与之相比，改进指标则没有那么高的可信度。成熟度指标很可能是你第一次跟踪检测的数据。因此，当你进行薪酬一致性管理时，我们建议你先将所有指标分别标记为成熟度指标或者改进指标，然后在计算贡献指数时只采用成熟度指标的数值。与此同时，建立如何将改进指标提升为成熟度指标的标准。经过一段时间之后，将改进指标提升为成熟度指标，然后将他们纳入贡献指数的计算。

3. 实际应用：改进绩效和努力指数

我们还是以X集团公司为例，看看如何用上述方法计算生产主管阿诺德·特纳的贡献指数。如图表13-1所示，阿诺德的重点报告显示了他从 1 月到 3 月的绩效指数。

表格第一列是阿诺德计分卡上的各项指标，第二列是衡量类型、数字或百分比，最后三列分别是他这三个月的绩效得分。每项指标的绩效结果都比对了合格、良好和优秀三个目标等级。根据这些绩效等级，阿诺德的每个因素都将获得该项权重中的若干百分比。例如，第一个指标是"生产件数"，他获得该项指标权重分值 36 分中的 32.7 分。他 1 月停工期的数值远远超出了规定上限，所以在该项指标的 15 分权重分中只能得 0 分。该季度三个月的绩效指数分别是 80.0、94.1 和 93.3，所以该季度的平均绩效指数就是 89.1。

阿诺德 1—3 月绩效指数				
重点报告中的指标	单位	1 月得分	2 月得分	3 月得分
生产件数	#	32.7/35	32.9/35	32.9/35
损耗率	%	19.2/20	19.1/20	18.4/20
停机期	%	0.0/15	13.5/15	13.5/15
加班时间	%	13.5/15	13.7/15	14.0/15
产品退回	%	14.6/15	15.0/15	14.4/15
总分		80.0	94.2	93.2

图表 13-1　绩效指数计分卡

现在再来看看图表 13-2 中阿诺德的努力指数，这是阿诺德上司根据硬数据对他的评价结果。为图表 13-2 中各数字提供支持的数据都是阿诺德上司通过公司数据抓取机制获得的。阿诺德计分卡上的贡献指数是 89.1 分，一致性努力指数是 72 分。按照 60/40 的标准，即绩效占 60%，努力占 40%，那么他的贡献指数就是 82.3。如果阿诺德可获得的奖金份额是 1000 美元，他实际将得到的就是 823 美元。

阿诺德的事例适用于公司里每一个提交重点报告的员工。除了重点报告之外，你还需要两种计算方法获取类似图表 13-1 和图表 13-2 中有关绩效和努力的数据。如果基于这两种因素发放奖励的话，就能够确保员工薪酬之间的一致性。公司员工会非常努力地完成图表 13-2 中所列 5 个方面的工作，他们将集中精力处理计分卡上的关键因素。如此一来，绩效结果就能与代表公司愿景和战略的一致性地图达成密切且符合预期的一致性。

计算贡献指数

本书提到的包括贡献指数在内的所有计算都可以用我们官网上的 TOPS 软件进行。你也可以结合使用其他计算软件。如果公司比较小，可以进行手动计算。

阿诺德的努力指数		
类别	指标	分数
360 度评估	360 度评价指标	75
制订行动计划	行动计划改进指标	50
贯彻行动计划	承诺跟进指标	80
提升技能水平	能力提升指标	70
指导人才发展	团队绩效指标	85
	平均分	72

图表 13-2　阿诺德 1—3 月一致性努力指数

下一章预告

下一章将介绍公司在实施全面一致过程中的重要事项。

第十四章
实施全面一致

布莱恩意识到,全面一致的正面推进需要自己全身心的投入。身为公司高层领导,他必须确保所有流程都能够获得高质量实施。通过本章的学习,你将深入了解公司实施全面一致的整个过程。

1. 案例分析

一个星期六的早晨,布莱恩正坐在船舱外的甲板上,思考着公司的一致性问题。想到自己有多么喜欢这些相关理念,布莱恩不禁心生喜悦。总的来说,迄今为止的体验都是相当令人满意的。但是,因为有部分员工抵制这种改变,所以对于是否期待每个人都接纳他所引进的"X集团公司管理法",他必须尽快做出果断的决定。

布莱恩知道,凡是积极的发展都会遇到阻力,实施全面一致的过程也不例外。人们往往满足于现状,止步不前。因为他们已经掌握了游戏规则,知道如何玩转这盘棋。他开始思考实施全面一致可以带来哪些好处。他回想起第一次异地会议时，整个团队在确定集团公司愿景时所表现出来的团结一致。后来，靠着这份团结，他们又绘制了企业战略树和一致性地图。单是确定这些构成要素本身就已经凝聚了整个团队去关注那些真正重要的事项了。他还记得早期会谈所激发的雄心壮志。他又想到那三份弥足珍贵的一页纸报告，有了它们之后，人人都意识到自己工作中的关键要素，也知道如何正视自己的实际数据。有了目标指引之后，员工就能知道自己的工作进展情况，也能够判断他们所负责的各项因素是否在朝好的趋势发展。

那么，作为最具开拓性变化的向上聚焦团队和纵向评估的情况又是怎样的呢？小组会议和一对一会谈两种做法对全公司各部门之间交流方式造成了巨大的冲击，也引起了强烈的反响。自那以来，大家能够自如地进行跨职能部门合作，上司为直属下级提供指导培训、专注团队整体绩效等。

布莱恩意识到，他多想清除组织里的谷仓效应，建立各业务单位之间共同的文化和语言，开创 X 集团公司特有的运营方式。他已经看到谷仓效应远没有以前那么严重了，甚至邮件负荷也比以前减轻了很多，因为大家不再将邮件发给一大群人，而是开始采用更直接的方式进行跨职能部门交流。

他在脑海中翻来覆去地想着异地会议和一致性流程培训以来所学到的种种，想着想着，他更加确信这就是他想为 X 集团公司选择的发展方向。他知道这是重大的决断。但他决定要朝这个方向继续走下去。整个 X 集团公司都将实行全面一致，而他布莱恩就是整个过程的掌舵人。他下决心成为实践这一方法论的最佳典范。他将盯紧一致性流程的每一个问题。布莱恩查看了自己的工作日历，发现这个月剩下的日子都排满了会议。他仔细检查，看是否有会议是可以取消的。如果有的会议与他早前安排的团队评审和纵向评审相冲突，他就取消这些会议。

布莱恩想到日程安排上有自己每个月都要向集团公司旗下所有子公

第十四章　实施全面一致

司前500名高管和主管进行的视频讲话。他马上安排了本次视频演讲的各项议题，其中包括公司文化、公司绩效、提升团队合作和协同合作的必要性。他挑选的这些主题与团队评审中普遍提到的主题是一致的。布莱恩的这一举动发出了明确的信号，那就是在整个集团公司实施全面一致将势在必行。

然而，几周之后，职能部门的一些人来找布莱恩，质疑全面一致的功效。布莱恩的回答温和却不失坚定，这让他们意识到实施全面一致是多么重要，也明白了集团坚持这样做的决心。接下来，布莱恩又解释了他为什么要推行全面一致的原因，还给每个人分配了任务，要他们学习如何实施全面一致并成为实施过程中令人满意的模范代表。此外，他还给出具体期限，要求他们到时候回来给他反馈任务完成的情况。

2. 一致性规划：引领改变过程

你在故事中所看到的案例，是我们在多个国家众多组织机构中看到的最好范例。全面一致已经成为公司首席执行官的管理利器。只要首席执行官愿意这么做并且以身作则，就一定会有效果。但如果高层自己不这么做的话，就不会有效果，也不应该实施。

抵制改变是很自然的现象，而且在每一个积极改变的过程中都会出现。只是抵制改变的人有时候大张旗鼓，有时候却暗地操作；有时候嘴上说支持改变，其实心里还是很抵触，而且在实际工作中会以行动进行抵制。他们会引进其他方法，那些方法可能有一定价值，但却会产生副作用，对全面一致的实施过程带来消极影响。

下面两种阐述有助于在公司实行统一规划：一是克服变革阻力；二是领导者身体力行。

克服变革阻力

任何积极的变革都会面临阻力，因为人们往往满足现状，而且也掌握了既定方法。以下这些建议可以帮助战胜他们的恐惧和惰性。

- ◆ 了解变革势在必行是克服阻力的最关键一步。人们抵制变革是希望它终有一天会消失，到时候，他们又可以回到过去，照旧行事。你可以通过确认变革的真实性来克服这种阻力。你很可能需要反复确认这种想法，直至抵制消失。
- ◆ 人们往往不理解变革及其可能产生的后果。人们抵制变革，根本在于对未知的恐惧。你可以提升他们对变革及其积极影响的了解来克服阻力。
- ◆ 与人分享变革带来的切实利益。
- ◆ 用清晰易懂的语言解释为什么要变革。
- ◆ 让人们成为变革过程的一分子，任何有意义的角色都可以。你可以邀请他们成为变革的舵手，成为他人学习的典范。

首席执行官身体力行实例

故事中的案例来自一位大客户的真实经历。实行全面一致时，这家公司有4万名员工。如今，公司员工已经增长到25万名。由此可见，直观展示公司首席执行官的努力付出是全面一致过程行之有效的关键。

另外有一家规模稍小的公司，在绘制重点报告、反馈报告和管理报告之后，公司首席执行官为了直观展示他对该做法的支持，邀请公司所有高层管理人员前往会议室观看了视频短片。该视频后来还发给全公司所有员工。在此之前，他已经让人把公司现有的所有纸质报告全部一堆堆地摞在会议桌上。看完视频之后，他走上前去，把一堆堆的报告全都扔进了垃圾箱。他由此传递的信息就是，三份报告将取代公司当前所用的其他报告。

第十四章　实施全面一致　　　　　　　　　　　　　　　　　　　　189

一家小公司的首席执行官在手动实施该系统之后，给所有员工发了一条信息，解释说他们的工资收入将取决于计分卡和行动计划上的最新状况。这便清楚地强调了每个人对各自重点报告和反馈报告的责任。

另一家大型公司的总裁也向全公司员工传递了这样的信息：他将成为全公司支持变革的第一人，从今以后，包括他本人在内，公司所有员工的薪酬都与计分卡保持一致。

3. 实际应用：实施全面一致的技巧和指南

到目前为止，本书讨论的都是关于一致性的理念，它们将帮助你实施全面一致的3个重要系统，即计分卡系统、信息系统和管理系统。第二章至第七章的内容有助于计分卡制度的实行。有关信息系统的内容在第八章，而有关管理系统的内容在第十一章和第十二章。尽管这3个系统相互关联，但它们每一个却又有着各自不同的价值。关注以下注意事项，能确保3个概念的成功应用。

计分卡制度

◆ 确保计分卡上的指标与第三章的验收标准相符合。

◆ 确保承担关键成功因素的员工都具备足够的能力处理好自己计分卡上的项目。否则，就将该关键成功因素移交更高级别的员工。

◆ 普通员工计分卡上的关键影响力因素应该远多于关键成功因素或者方案指数和方案影响力指数。有关这些术语的定义，请参考第六章相关内容。

◆ 高层管理人员计分卡上会有更多方案指数和方案影响力指数。

信息系统

◆ 确定计分卡上的各项指标之后,请务必确定你是否有相关数据支持这些指标。如果没有数据或者数据缺失,聚焦数据采集就应当是你当前最重要的事情。

◆ 如果你有相关数据,请务必确认这些数据是否准确可信。如果答案是否定的,提升数据的准确度就应当是你最重要的事情。

◆ 设置"合格、良好和优秀"三个恰当的目标等级尤为关键,因为它们决定了信息系统中哪些事例属于偏离常规的例外情况。

◆ 信息系统可信度取决于数据的准确性和恰当的目标。

管理系统

◆ 只有每张计分卡至少有一个关键成功因素获得良好数据之后,才可以进行团队评审和纵向评审。

◆ 企业高层管理人员必须为团队评审和纵向评审的推广树立良好的榜样。

◆ 团队评审的频率取决于行动计划的需求。

◆ 纵向评审的频率取决于直属下级的需要。

◆ 当你开始致力于公司开展团队评审和纵向评审时,应该先与组织中表现最好的员工合作。如果他们使用一致性工具之后提高了绩效,他们就会成为拥护者。

第十四章 实施全面一致

全面实施一致性体系

◆ 你需要高效的策略实施本书所提出的整个一致性体系。

◆ 我们建议在实施管理系统之前,首先关注计分卡系统和信息系统的质量。

◆ 第一种做法是,在实施系统第一阶段,先以个别部门作为试点,到第二阶段再继续推广。这样做有好有坏,好处是我们可以在系统实施之前进行学习,适时做出调整,而坏处是公司高层和其他部门都不得不先等一段时间才能参与系统实施。

◆ 第二种做法是,在实施系统第一阶段就直接覆盖公司的3个最高层级,到第二阶段再继续推广到其他层级的员工。这样做的好处是可以在公司高层中更快速地实现全面一致。坏处是公司其他较低层级的员工不得不等待一段时间,而且需要更长的时间才能看到效果。

◆ 第三种做法是综合上述两种办法,即第一阶段包括公司3个最高层级和一两个试点部门的所有层级。

◆ 我们鼓励大家用本书所介绍的内容按需编制自己的语言,打造独一无二的公司风格。运用那些更适合自己企业文化的术语,为团队评审和纵向评审选择合适的会谈频率。

我们相信,运用本书的理念和工具能够强化公司管理,并有助于取得更好的绩效。但是,我们不做任何保证,因为每个公司都是独一无二的,而且各个公司的现有文化和各项流程适应新方法的速度都不尽相同。具体实施结果取决于公司员工对相关理念的实际应用程度。你是最了解自己公司的人,你或许希望从自身做起去实施这一方法,并希望先学会应用这些理念,然后再推广到全公司。要想取得成功,请牢记以下两个条件:

◆ 成功的主要条件在于公司首席执行官的决心。

◆ 第二个条件是第十三章中所提到的薪酬和绩效挂钩。否则，员工就不会认真对待变革进程，变革也就不会有实际效果。

实施支持

如有任何问题，或者在实施过程中需要任何帮助，欢迎访问网站：www.totalalignment.com/is。

我们可以为你提供有关全面一致实施策略的相关建议，并提供训练有素的专业人士帮助公司推动项目实施、指导工作和培训员工。此外，还可以提供基于网络的一致性软件 TOPS 和其他工具。

在公司传阅本书，将有助于公司员工理解全面一致的整合计划，加快其实施进程。

最后一章预告

本书最后一章将探讨更宽泛的话题，这些话题超越了用愿景和战略统一全公司的范畴，即，将企业愿景与社会需求和社会中的首要问题更直接地保持一致。

第十五章
全新的愿景一致

灾难的临近迫使布莱恩重新评估他为 X 集团公司设定的重要事项和目标。他认识到自己的方案中缺少一个非常重要的部分，那就是没有能够超越盈利动机去满足整个社会的需求。在本章中，我们将介绍关键因素，以实现企业与更广阔的新愿景保持一致。

1. 案例分析

正当布莱恩想要放松一下，享受自己的劳动成果时，危机悄然临近。因为 X 集团公司所发生的重大改变，该集团在投资者眼中变得非常有吸引力。然而，一场恶意收购正在悄然酝酿中，这给布莱恩和团队带来了巨大的压力。幸运的是，经过几周的不确定性猜测之后，恶意收购没有成为事实。万一它真的发生的话，就会造成毁灭性影响，布莱恩会因此失去他的职位，而且他对公司所付出的所有辛劳都将付之一炬。虽然危机解除了，但在此过程中感受到的压力却对布莱恩产生了深远的影响。当布莱恩意识到他投入那么多时间和精力才建立起 X 集团公司，而这一切却又那么容易失去时，他感到深深的震惊。布莱恩开始对自己多年工作的相关性产生了质疑。难道这么多年来他一直弄错了工作中应该优先考虑的重要事项吗？他感觉更不安了。于是，他决定向技术通咨询，看看集团未来的发展应该朝哪里走，他们应该优先考虑的事情有哪些？

技术通用心聆听了布莱恩的想法和问题。作为回应，他在谈话中提到一些原则。他表示问题的答案就在 X 集团公司里，布莱恩只需重新审查，并重新委托授权就可以了。技术通还提醒布莱恩好好想想他们一起确立的价值观，以及整个团队商量之后确定的服务愿景。

像许多大公司一样，X 集团公司肯定"企业社会责任"这一理念。但是，这个术语究竟是什么意思呢？技术通鼓励布莱恩深入研究各子公司的诸项流程。公司的商业行为是如何影响人们生活的？如何影响公司员工的生活？又如何影响供应商的生活？他对产品线供应链的检查有多仔细？生产设施对环境造成什么影响？公司在努力提高清洁能源利用率方面做到怎样的程度？公司的碳排放量超标了吗？

另一个需要调查的领域是公司的广告和营销。是否有哪家子公司采用的广告方法会歪曲产品或误导消费者？公司聘用制度的情况如何？是否会对员工的家庭生活造成困难？公司是否鼓励薪酬多样性，如为残疾员工发放工作津贴？他们是否雇用了未成年人？还有很多其他重要问题都应该成为公司首席执行官关心的对象，如果他真的希望有所作为，就必须确保公司不会做出受到道德质疑的事情或者根本没人支持的事情。

技术通向布莱恩提出挑战，建议他的下一个目标是调整全面一致的实施方式，使得生产、广告、就业和运输等各流程更深入地与社会需求保持一致，还要平衡盈利动机与有利于全社会的各项活动之间的关系。这将成为 X 集团公司全新的商业模式。

布莱恩与技术通之间的谈话给他带来了深刻的影响。因此，在技

第十五章 全新的愿景一致

术通离开之后,他花了好几小时反复思考这个新的视角。布莱恩知道,企业社会责任是X集团公司一致性地图的一部分,难道只是口头上说说而已吗?许多公司都在谈论X集团公司所做的一切好事。但实际上,这些都只不过是表面的,因为很多事情其实是不健康的、不公平的甚至是有害的。布莱恩不希望X集团旗下任何一家子公司被归入这一类。

布莱恩越仔细考虑,内心就越坚定。这无疑是新的挑战,也是值得他为之付出时间和精力的艰巨任务。他知道很难确保X集团公司能够"发挥自己的作用",帮助建立社会公正和环境可持续发展的世界。这可能需要改变一些生产方法,甚至淘汰有害的产品和生产步骤。但布莱恩知道,只要他全力以赴,就一定能实现目标。

布莱恩想要有所作为,他希望"X集团模式"可以成为其他公司的榜样。布莱恩已经实施了一致性体系,现在又开启了更广阔的新愿景。现在,他决定调整工作重点,带领X集团公司完成全面一致的新征程。

2. 一致性规划:实施全球一致

许多公司尚未意识到这些问题的重要性。这并不是因为他们不关心这些问题,只是因为他们还没有将这些问题放在公司雷达图显眼的位置。公司对其所处的环境有着直接和深远的影响。因为实力十分雄厚,大公司几乎可以对整个国家产生积极或消极的影响。直到21世纪,人们才普遍认为,利润是公司领导者需要考虑的全部,也是公司一切计划的目标所在。但是,随着世界缩小成地球村,我们有了一项越来越明显的道德义务,那就是企业为社会和环境负责。

企业社会责任

企业社会责任正在成为企业融入其商业模式的自我调节机制。它能够监督和确保公司积极遵守道德标准和国家或国际规范。这一概念意味着公司应对其各项流程造成的社会和环境方面的影响承担责任。然而在现实生活中，对环境的危害和对弱势人群的伤害往往有着内在的联系，这使得实行有责任感的商业行为变得尤为紧迫。虽然这个概念正得到企业界广泛接受，但是有关企业社会责任的衡量及其支持数据仍处在发展的初期阶段。X集团公司的一致性地图上有该项指标，但却没有得到应有的重视。

社会责任指南（ISO26000）

幸运的是，越来越多的公司正逐渐接受他们对人力和物力资源的影响所应承担的责任。2010年，国际标准化组织发布了社会责任指南（ISO26000），这是一套帮助企业履行社会责任的标准体系。虽然这些标准是企业自发执行的，但是很多公司都接受这样的观点：公司应该平衡盈利活动和造福社会的活动之间的关系。很多公司已经将企业社会责任纳入其商业模式。人们对这一新兴的国际标准褒贬不一。支持者认为，虽然这一标准尚未得到充分验证，但它朝着正确的方向迈出了一步，当然是有胜于无。而反对者则认为，这一标准若未经充分验证，就有可能会提升公司的公众形象，哪怕他们并未真正履行社会责任。无论两种观点各有什么优点，显而易见的是，如果能得到适当的运用和验证，社会责任指南标准就能在正确的方向上取得重大进步。

3. 实际应用：考虑企业的全球责任

如果你在大公司担任重要职务，我们建议你应该认真对待企业社会责任这个问题，因为公司的经营活动不可能脱离社会而单独存在。随着你越来越重视商业活动对环境和社会的影响，你的意识不仅可以转化为

第十五章 全新的愿景一致

有益的行动,而且还会提升民众对品牌的忠诚度。我们鼓励你更多地了解这个主题,并将其列入公司的优先事项。

如果你在小型创业公司工作,环境影响和社会责任意识将会为你提供机会。当你创建自己的商业模式时,你会将可持续性视为发展机会,并且革新企业对环境社会责任的履行方式。毋庸置疑,未来的诸多解决方法都将来自具有社会和环境意识的新型创业公司的创意和创新行动。

繁荣宣言

最后,我们想特别提到巴哈伊世界中心按照全球繁荣的要求,组织编写的一份重要文件,其标题是《人类的繁荣》。它以全球视角展现了人类面临的挑战和为实现全球繁荣奋斗的机遇。这份声明也为解决我们今天面临的各种挑战提出了许多发人深省的观点。它指出,要解决人类面临的这些问题,就需要对支持社会机构的某些基本假设进行重新定义。它描述了将世界大同原则作为世间运行法则的必要性。它还呼吁全新的职业道德,呼吁重新安排用来解决贫困问题的优先事项,呼吁重新定义权力和行使权力的权威,呼吁制定全球发展战略,并且列举了几个主题。它提出了新的视角看待社会正义、教育普及和社会经济发展等问题。如有需要,你可以登录我们的网站 www.totalalignment.com,免费下载此文件。

结　语

我们想对那些能够接受本书观点并阅读所有章节的人表示感谢。虽然全面一致是很大的论题,但我们还是尝试赋予它结构,并将整个过程分成若干个可管理的环节。

我们已经帮助成千上万的管理人员实施了本书所表达的理念。当我们努力满足客户的需求，并适应工作环境带来的独特挑战时，我们每次都获益颇多。

全面一致既是一个系统，也是一个过程。它可以灵活地满足几乎所有公司的诸多要求。小公司可以采纳这些理念，然后利用人力实现一致性。而大公司需要利用信息技术，从而确保他们始终能够掌握保持一致性所需信息流的最新动态。

感谢你对这个重要论题的关注，我们确信，它将帮助你的员工达成一致、工作专注并富有成效。请与他人分享本书，并访问我们的网站，以便让我们知道，如何才能为你提供帮助。

——里亚兹·哈德姆　琳达·哈德姆